Az ősember ínyenc

Paleo receptkönyv

László Ilic

Tartalom

Grillezett szelet steak aprított gyökérzöldséghash-sel 9
Ázsiai marhahús és zöldségkeverék 11
Cédrus deszkás filék ázsiai slatherrel és káposztasalátával 13
Rántott Tri-Tip steak karfiol Peperonata 16
Flat Iron Steak vagy Poivre gombás-dijoni szósszal 18
steak 18
SOS 18
Grillezett lapos steak Chipotle-karamellizált hagymával és salsa salátával 21
steak 21
salsa saláta 21
karamellizált hagyma 21
Grillezett "vaj" szalag fűszerhagymával és fokhagymával 24
Grillezett répa Entrecote saláta 26
Koreai stílusú rövid borda pirított gyömbéres káposztával 28
Borjúhús rövid bordák citrusos édeskömény Gremolatával 31
szelet 31
Sült sütőtök 31
gremolata 31
Svéd borjúhúsgombóc mustáros-kapros uborkasalátával 34
uborkasaláta 34
marhahús pogácsákat 34
Fojtott marhaburger rukkolán sült gyökérzöldségekkel 38
Grillezett marhaburger szezámmagos paradicsommal 41
Burger on Stick Baba Ghanoush mártogatós szósszal 43
Füstös töltött édes paprika 45
Bölény burger cabernet hagymával és rukkolával 47
Bölény és bárány húsgombóc mángoldon és édesburgonyán 50
Bölény húsgombóc cukkini almás ribizli szósszal Pappardelle 53
húsgolyók 53
Almás-mazsola szósz 53
Tök Pappardelle 53

Bölény-Porcini Bolognese sült fokhagymás spagettitökkel 56
Bison Chili-con Carne 59
Grillezett citromos marokkói fűszeres bölény steak 61
Herbes de Provence-i gömbölyű bölény marhabélszín 62
Coffee Fried Bison Short Ribs mandarin Gremolatával és zeller gyökérpürével 64
savanyú uborka 64
sült 64
Marhacsontleves 67
Tunéziai fűszeres sertéslapocka fűszeres édesburgonya krumplival 69
Sertéshús 69
Sütés 69
Kubai grillezett sertés lapocka 72
Olasz fűszeres növényi sertéssült 75
Slow Cooker Sertésvakond 77
Köményes-fűszeres sertés-cukkinis rakott 79
Gyümölccsel töltött felső karaj pálinkás mártással 81
sütjük a sütőben 81
Pálinkaszósz 81
Porchetta stílusú sertéssült 84
Paradicsomban sült sertéskaraj 86
Sárgabarack töltött sertés hátszín 88
Ropogós fokhagymás zsírfüves sertés hátszín 90
Indiai fűszeres sertéshús kókuszos serpenyős szósszal 92
Sertés Scaloppini fűszeres almával és gesztenyével 93
Sertés Fajita Stir-Fry 96
Sertés szűzpecsenye portóival és aszalt szilvával 97
Moo Shu stílusú sertéshús gyors pácolt saláta csészékben 99
ecetes zöldségek 99
Sertéshús 99
Sertésszelet makadámiával, zsályával, fügével és édesburgonyapürével 101
Serpenyőben sült rozmaring-levendulás sertésszelet szőlővel és pirított dióval .. 103
Sertésszelet alla Fiorentina grillezett brokkolival 105
Escarole töltött sertésszelet 107
Dijon-Pecan Crust sertésszelet 110
Dióhéjú sertéshús szeder spenót salátával 111

Édes-savanyú vöröskáposzta sertésszelet 113

Fejes káposzta 113

Sertéshús 113

Füstölt baba hátborda almás-mustáros felmosó szósszal 115

szelet 115

SOS   115

Sütős BBQ Country stílusú sertésborda friss ananászsal 118

Fűszeres sertésgulyás 120

Gulyás 120

Fejes káposzta 120

Marinara olasz kolbászos húsgombóc szeletelt édesköményzel és pirított
hagymával 122

húsgolyók 122

marinara 122

Sertéshússal töltött sütőtökös csónakok bazsalikommal és fenyőmaggal 125

Sertés currys és ananászos "tészta" tálak kókusztejjel és gyógynövényekkel 127

Fűszeres grillezett sertéspogácsa ropogós uborkasalátával 129

Cukkinis pizza szárított paradicsom pestoval, édes paprikával és olasz kolbásszal
.... 131

Füstölt citrom-koriander báránycomb, grillezett spárga 134

báránypörkölt 136

Báránypörkölt zellergyökér tésztával 138

Francia bárányszelet gránátalmás-datolyás chutneyval 140

chutney 140

bárányborda 140

Chimichurri báránykaraj karaj pirított Radicchio salátával 142

Szardella és zsálya dörzsölt bárányszelet sárgarépa-édesburgonya remuládéval 144

Bárányszelet mogyoróhagymával, mentával és kakukkfűvel 146

Bárány 146

saláta 146

Pirospaprikával töltött bárányburger 148

Húsgombóc pirospaprikával 148

Burgerek 148

Dupla kakukkfüves báránykabob Tzatziki szósszal 151

bárány kebab 151

Cacik szósz 151
Sült csirke sáfránnyal és citrommal 153
Spatchcocked csirke jicama salátával 155
Csirke 155
káposztasaláta 155
Sült csirke pulyka vodkával, sárgarépával és paradicsomszósszal 158
Poulet Rôti és Rutabaga Frites 160
Triple Mushroom Coq au Vin metélőhagymával pürésített rutabaga 162
Barack-pálinkás-mázas bagettek 165
Barack-pálinkás máz 165
Chilében pácolt csirke mangós-dinnye salátával 167
Csirke 167
saláta 167
Tandoori stílusú csirkecomb uborka Raitával 170
Csirke 170
ecetes uborka 170
Csirke Curry rakott gyökérzöldségekkel, spárgával és zöld almás menta szósszal
.... 172
Grillezett csirke Paillard saláta málnával, répával és sült mandulával 174
Brokkoli Rabe töltött csirkemell friss paradicsomszósszal és cézár salátával 177
Grillezett csirke Shawarma pakolás fűszeres zöldségekkel és fenyőmag szósszal 180
Sütőben sült csirkemell gombával, fokhagymás karfiolpürével és sült spárgával. 182
Thai csirke leves 184
Citromos és zsályás sült csirke cikóriával 186
Csirke zöldhagymával, vízitormával és retekkel 189
Tikka Masala csirke 191
Ras el Hanout csirkecomb 194
Adobo csirkecomb csillaggyümölccsel sült spenóton 196
Chipotle Mayo csirke-poblano káposzta taco 198
Csirkepörkölt bébi sárgarépával és Bok Choylivel 200
Kesudió-narancs csirke és édes paprika saláta csomagolásban 202
Vietnami kókuszos-citromfüves csirke 204
Grillezett csirke és almás escarole saláta 207
Toszkán csirke leves kelkáposzta szalaggal 209
Csirke lárva 211

Csirke Burger Széchwani kesudió szósszal 213
Széchwani kesudió szósz 213
Török csirkecsomagolás 215
Spanyol Cornish csirkék 217

GRILLEZETT SZELET STEAK APRÍTOTT GYÖKÉRZÖLDSÉGHASH-SEL

KESZITMENY:20 perces állás: 20 perces grillezés: 10 perces állás: 5 perc: 4 adag

A CSIKOS STEAKEK NAGYON FINOM TEXTURAJUAK,ES A STEAK EGYIK OLDALAN LEVO KIS ZSIRCSIK ROPOGOSSA ES FÜSTÖSSE VALIK A GRILLEN. AZ ALLATI ZSIROKROL ALKOTOTT VELEMENYEM AZ ELSO KÖNYVEM OTA MEGVALTOZTAK. HA RAGASZKODIK A THE PALEO DIET® ALAPELVEIHEZ, ES NAPI KALORIAJANAK 10-15 SZAZALEKA KÖZÖTT TARTJA A TELITETT ZSIROKAT, AZ NEM NÖVELI A SZIVBETEGSEGEK KOCKAZATAT – ES ENNEK AZ ELLENKEZOJE IS IGAZ LEHET. AZ UJ INFORMACIOK ARRA UTALNAK, HOGY AZ LDL-KOLESZTERINSZINT EMELKEDESE VALOBAN CSÖKKENTHETI A SZISZTEMAS GYULLADAST, AMELY A SZIVBETEGSEG KOCKAZATI TENYEZOJE.

3 evőkanál extra szűz olívaolaj

2 evőkanál reszelt friss torma

1 teáskanál finomra reszelt narancshéj

½ teáskanál őrölt kömény

½ teáskanál fekete bors

4 szelet steak (más néven felső filé), körülbelül 1 hüvelyk vastagra vágva

2 közepes paszternák, meghámozva

1 nagy édesburgonya, meghámozva

1 közepes fehérrépa, meghámozva

1 vagy 2 medvehagyma finomra vágva

2 gerezd fokhagyma, felaprítva

1 evőkanál apróra vágott friss kakukkfű

1. Egy kis tálban keverj össze 1 evőkanál olajat, tormát, narancshéjat, köményt és ¼ teáskanál borsot. A keveréket a steakekre kenjük; Fedjük le és hagyjuk állni szobahőmérsékleten 15 percig.

2. Közben a blansírozáshoz a paszternákot, az édesburgonyát és a fehérrépát reszelővel vagy aprítópengéjű robotgéppel lereszeljük. Tedd a reszelt zöldségeket egy nagy tálba; adjunk hozzá medvehagymát. Egy kis tálban keverje össze a maradék 2 evőkanál olajat, a maradék ¼ teáskanál borsot, a fokhagymát és a kakukkfüvet. csepegtessük a zöldségekre; összeforgatjuk, hogy jól elkeveredjen. Hajtson félbe egy 36 × 18 hüvelykes vastag fóliadarabot, hogy dupla vastagságú fóliát kapjon, 18 × 18 hüvelyk méretű. Helyezze a zöldségkeveréket a fólia közepére; emelje fel a fólia ellentétes széleit, és dupla réteggel zárja le. Hajtsa be a maradék széleket, hogy teljesen befedje a zöldségeket, hagyjon helyet a gőz felhalmozódásának.

3. Faszén- vagy gázgrillhez helyezze a steakeket és a fóliát közvetlenül a grillrácsra közepes lángon. Fedje le és süsse meg a steakeket 10–12 percig közepesen ritka (145 °F) vagy 12–15 percig közepes (160 °F) esetén, egyszer megfordítva a grill felénél. Grillezze a csomagot 10–15 percig, vagy amíg a zöldségek megpuhulnak. Hagyja állni a steakeket 5 percig, amíg a zöldségek elkészülnek. Osszuk el a zöldségkeveréket négy tálaló tányérra; Tetejére steak.

ÁZSIAI MARHAHUS ES ZÖLDSEGKEVEREK

KESZITMENY:30 perc főzés: 15 perc: 4 adag

AZ ÖTFUSZERPOR SOMENTES FUSZERKEVEREK.SZELES KÖRBEN HASZNALJAK A KINAI KONYHABAN. EGYENLO ARANYBAN ORÖLT FAHEJBOL, SZEGFUSZEGBOL, EDESKÖMENYMAGBOL, CSILLAGANIZSBOL ES SZECHWANI FEKETE BORSBOL ALL.

1½ font kicsontozott marhahús hátszín vagy kicsontozott marhahús kerek steak, 1 hüvelyk vastagra vágva

1½ teáskanál öt fűszerpor

3 evőkanál finomított kókuszolaj

1 kis vöröshagyma, vékony szeletekre vágva

1 kis csokor spárga (körülbelül 12 uncia), megvágva és 3 hüvelykes darabokra vágva

1½ csésze narancssárga és/vagy sárgarépa

4 gerezd fokhagyma, felaprítva

1 teáskanál finomra reszelt narancshéj

¼ csésze friss narancslé

¼ csésze marhacsontleves (lásd<u>Leírás</u>) vagy sózatlan húsleves

¼ csésze fehérborecet

¼-½ teáskanál törött pirospaprika

8 csésze durvára vágott napa káposzta

½ csésze sózatlan mandula vagy sózatlan, durvára vágott kesudió, pirítva (lásd a tippet, 57. oldal)

1. Kívánt esetben a marhahúst részben fagyassza le a könnyebb szeletelhetőség érdekében (kb. 20 perc). A marhahúst nagyon vékony szeletekre vágjuk. Egy nagy tálban keverjük össze a marhahúst és az öt fűszerport. Egy nagy wokban vagy egy extra nagy serpenyőben melegíts fel 1 evőkanál kókuszolajat közepesen magas lángon.

Adjuk hozzá a marhahús felét; Főzzük és keverjük 3-5 percig, vagy amíg aranybarna nem lesz. Tegye át a marhahúst egy tálba. Ismételje meg a maradék marhahússal és 1 evőkanál olajjal. Tegye át a marhahúst a tálba a másik főtt marhahússal együtt.

2. Ugyanabban a wokban adjuk hozzá a maradék 1 evőkanál olajat. adjunk hozzá hagymát; Főzzük és keverjük 3 percig. adjunk hozzá spárgát és sárgarépát; Főzzük és keverjük 2-3 percig, vagy amíg a zöldségek ropogós nem lesznek. Adjunk hozzá fokhagymát; Főzzük és keverjük még 1 percig.

3. A szószhoz egy kis tálban összekeverjük a narancshéjat, a narancslevet, a marhacsontlevest, az ecetet és a törött pirospaprikát. Adjuk hozzá a wokban lévő zöldségekhez, a szósszal és a tálban lévő húslevessel együtt. Főzzük és keverjük 1-2 percig, vagy amíg jól fel nem melegszik. Tegye át a marhahús zöldségeket egy nagy tálba egy lyukas kanál segítségével. Fedjük le, hogy melegen tartsuk.

4. Közepes lángon főzzük a szószt 2 percig, zárt fedéllel. adjunk hozzá káposztát; Főzzük és keverjük 1-2 percig, vagy amíg a káposzta megfonnyad. Osszuk el a kelkáposztát és az esetleges főzővizet négy tálca között. A tetejét egyenletesen megkenjük a marhahús keverékkel. Megszórjuk mogyoróval.

CEDRUS DESZKAS FILEK AZSIAI SLATHERREL ES KAPOSZTASALATAVAL

SZOPNI:1 óra előkészítés: 40 perc grillezés: 13 perc várakozás: 10 perc készítés: 4 adag.

A NAPA KAPOSZTAT NEHA KINAI KAPOSZTANAK IS NEVEZIK.GYÖNYÖRU, RANCOS KREMSZINU LEVELEI ELENK SARGASZÖLD HEGYEKKEL. FINOM, ENYHE IZE ES ALLAGA – EGESZEN MAS, MINT A KEREK FEJU KAPOSZTA VIASZOS LEVELEI –, ES NEM MEGLEPO MODON TERMESZETES AZ AZSIAI STILUSU FOZES SORAN.

1 nagy cédrusfa
¼ uncia szárított shiitake gomba
¼ csésze dióolaj
2 teáskanál apróra vágott friss gyömbér
2 teáskanál őrölt pirospaprika
1 teáskanál őrölt székelypaprika
¼ teáskanál ötfűszer por
4 gerezd fokhagyma, felaprítva
4-5 uncia marhabélszín steak, ¾-1 hüvelyk vastagra vágva
Ázsiai káposzta saláta (lásd.Leírás, lent)

1. Helyezze a grilldeszkát a vízbe; csökkentse a súlyt és hagyja állni legalább 1 órát.

2. Közben az ázsiai slatherhez öntsünk forrásban lévő vizet a szárított shiitake gombára egy kis tálban; Hagyja rehidratálódni 20 percig. A gombát lecsepegtetjük, és konyhai robotgépbe tesszük. Adjunk hozzá szerecsendió-olajat, gyömbért, törött pirospaprikát, szecsuáni borsot, ötfűszerport és fokhagymát. Fedjük le, és addig dolgozzuk,

amíg a gombát ledaráljuk és az összetevőket össze nem keverjük; tedd félre.

3. Ürítse ki a grilldeszkát. Faszén grillezéshez helyezzen közepesen forró szenet a grill körül. Helyezze a táblát a grillrácsra közvetlenül a parázsra. Fedjük le és grillezzük 3-5 percig, vagy amíg a fa recsegni és füstölni kezd. Helyezze a steakeket a grillrácsra közvetlenül a parázsra; Grill 3-4 percig, vagy amíg meg nem pirul. A steakeket sült felükkel felfelé tedd a deszkára. Helyezze a táblát a grill közepére. Osszuk el az Asian Slathert a steakek között. Fedjük le és grillezzük 10-12 percig, vagy amíg a steakbe vízszintesen behelyezett azonnali leolvasású hőmérő 130°F-ot nem mutat. (Gázgrillnél melegítse elő a grillt. Csökkentse a hőt közepesre. Helyezze a lecsepegtetett deszkát a grillrácsra; Fedjük le és grillezzük 3-5 percig, vagy amíg a fa recsegni és füstölni kezd. Tegye át a steakeket a grillrácsra 3-4 percre, vagy tegye a steakeket a deszkára, barnított oldalukkal felfelé. Állítsa be a grillt közvetett sütéshez; Helyezze a steak deszkát a zárt égőre. Osszuk el a szeleteket a steakek között. Fedjük le és grillezzük 10-12 percig, vagy amíg a steakbe vízszintesen behelyezett azonnali leolvasású hőmérő 130°F-ot nem mutat.)

4. Vegye ki a steakeket a grillről. Lazán takarja le a steakeket fóliával; Várjon 10 percet. Vágja a steakeket ¼ hüvelyk vastag szeletekre. Tálaljuk steaket ázsiai saláta fölé.

Ázsiai saláta: Egy nagy tálban keverj össze 1 közepes napa káposztát vékonyra szeletelve; 1 csésze apróra vágott vörös káposzta; 2 sárgarépa, meghámozva és julienne csíkokra vágva; 1 piros vagy sárga édes paprika kimagozva és nagyon vékonyra szeletelve; 4 zöldhagyma, vékonyra szeletelve; 1-2 serrano chili magház nélkül és darálva (lásd az ábrát).Nyom); 2 evőkanál apróra vágott koriander; és 2 evőkanál apróra vágott mentát. A szószhoz 3 evőkanál friss citromlevet, 1 evőkanál reszelt friss gyömbért, 1 gerezd darált fokhagymát és ⅛ teáskanál ötfűszeres port turmixgépben vagy turmixgépben turmixolunk. Fedjük le és dolgozzuk simára. Járó processzor mellett fokozatosan adjunk hozzá ½ csésze dióolajat, és dolgozzuk simára. Adjunk hozzá 1 vékonyra szeletelt zöldhagymát az öntethez. Csorgassuk rá a káposztasalátára, és dobjuk bevonatba.

RÁNTOTT TRI-TIP STEAK KARFIOL PEPERONATA

KÉSZÍTMÉNY: 25 perc főzés: 25 perc: 2 adag

A PEPERONATA HAGYOMÁNYOSAN LASSAN SÜLT RAGU. ÉDES PAPRIKA HAGYMÁVAL, FOKHAGYMÁVAL ÉS FŰSZERNÖVÉNYEKKEL. A KARFIOLLAL JÓLLAKÓBB EZ A GYORSAN PIRÍTOTT VÁLTOZAT ÍZESÍTÉSKÉNT ÉS KÖRETKÉNT IS SZOLGÁL.

2 db 4-6 uncia háromvégű steak, ¾-1 hüvelyk vastagra vágva

¾ teáskanál fekete bors

2 evőkanál extra szűz olívaolaj

2 piros és/vagy sárga édes paprika kimagozva és felszeletelve

1 medvehagyma, vékonyra szeletelve

1 teáskanál mediterrán fűszer (lásd Leírás)

2 csésze kis karfiol rózsa

2 evőkanál balzsamecet

2 teáskanál apróra vágott friss kakukkfű

1. Papírtörlővel szárítsa meg a steakeket. Megszórjuk a steaket ¼ teáskanál fekete borssal. Melegítsünk fel 1 evőkanál olajat egy nagy serpenyőben közepesen magas lángon. Add steak a serpenyőben; mérsékelje a hőt közepesre. A steakeket közepesen ritka (145°F) fokra sütjük 6-9 percig, időnként megforgatva. (Ha a hús túl gyorsan pirulna, csökkentse a hőt.) Vegye ki a steakeket a serpenyőből; Lazán letakarjuk alufóliával, hogy meleg legyen.

2. Adja hozzá a maradék 1 evőkanál olajat a peperonata serpenyőjéhez. Adjunk hozzá édes paprikát és medvehagymát. Megszórjuk mediterrán fűszerekkel.

Főzzük közepes lángon körülbelül 5 percig, vagy amíg a paprika megpuhul, időnként megkeverve. Adjuk hozzá a karfiolt, a balzsamecetet, a kakukkfüvet és a maradék ½ teáskanál fekete borsot. Fedjük le, és időnként megkeverve főzzük 10-15 percig, vagy amíg a karfiol megpuhul. Tegye vissza a steakeket a serpenyőbe. Öntse a peperonata keveréket a steakekre. Tálald most.

FLAT IRON STEAK VAGY POIVRE GOMBÁS-DIJONI SZÓSSZAL

KÉSZÍTMÉNY:15 perc főzés: 20 perc: 4 adag

EZ A FRANCIA IHLETÉSŰ STEAK GOMBAMÁRTÁSSALVALAMIVEL TÖBB MINT 30 PERC ALATT AZ ASZTALRA KERÜLHET – ÍGY REMEK VÁLASZTÁS EGY GYORS HÉTVÉGI ÉTKEZÉSHEZ.

STEAK

3 evőkanál extra szűz olívaolaj

1 kilós kis spárga lándzsa, vágva

4 db 6 uncia lapos vas (csontozott marha lapocka) steak*

2 evőkanál apróra vágott friss rozmaring

1½ teáskanál tört fekete bors

SOS

8 uncia szeletelt friss gomba

2 gerezd fokhagyma, felaprítva

½ csésze marhacsontleves (lásd az ábrát).Leírás)

¼ csésze száraz fehérbor

1 evőkanál Dijon stílusú mustár (lásdLeírás)

1. Melegíts fel 1 evőkanál olajat egy nagy serpenyőben közepesen magas lángon. adjunk hozzá spárgát; Süssük 8-10 percig, vagy amíg ropogós nem lesz, időnként fordítsuk meg a lándzsákat, hogy ne égjenek meg. Tegye át a spárgát egy tányérra; Fóliával letakarjuk, hogy meleg legyen.

2. A steaket megszórjuk rozmaringgal és borssal; dörzsölje meg az ujjaival. Ugyanabban a serpenyőben melegítse fel a maradék 2 evőkanál olajat közepesen magas lángon. Adjunk hozzá steak; mérsékelje a hőt közepesre. 8-12 percig közepesen ritka (145°F) sütjük, időnként

megfordítva a húst. (Ha a hús túl gyorsan pirulna, csökkentse a hőt.) Vegyük ki a húst a serpenyőből úgy, hogy csöpögjön. Lazán takarja le a steakeket alufóliával, hogy meleg legyen.

3. A szószhoz adjuk hozzá a serpenyőben csöpögő gombát és fokhagymát; Időnként megkeverve puhára főzzük. Adjuk hozzá a húslevest, a bort és a dijoni mustárt. Közepes lángon főzzük, a megpirult darabokat a serpenyőbe kaparjuk. Forraljuk fel; Főzzük még 1 percig.

4. Osszuk négy tányérra a spárgát. Tetejére steak; kanál szószt a steak fölé.

*Megjegyzés: Ha nem talál egy 6 unciás lapos vas steaket, vásároljon két 8-12 uncia steaket, és vágja ketté, hogy négy steaket készítsen.

GRILLEZETT LAPOS STEAK CHIPOTLE-KARAMELLIZÁLT HAGYMÁVAL ÉS SALSA SALÁTÁVAL

KÉSZÍTMÉNY:30 perc pácolás: 2 óra főzés: 20 perc hűtés: 20 perc grillezés: 45 perc sütés: 4 adag

LAPOSVAS STEAK VISZONYLAG ÚJA VÁGÁST CSAK NÉHÁNY ÉVE FEJLESZTETTÉK KI. A LAPOCKA MELLETTI FINOM TOKMÁNYRÉSZBŐL LEVÁGVA MEGLEPŐEN PUHA, ÉS SOKKAL DRÁGÁBB ÍZŰ, MINT AMILYEN – VALÓSZÍNŰLEG EZ MAGYARÁZZA A NÉPSZERŰSÉG GYORS NÖVEKEDÉSÉT.

STEAK
- ⅓ csésze friss citromlé
- ¼ csésze extra szűz olívaolaj
- ¼ csésze durvára vágott koriander
- 5 gerezd fokhagyma, felaprítva
- 4 db 6 uncia lapos vas (csontozott marha lapocka) steak

SALSA SALÁTA
- 1 mag nélküli (angol) uborka (opcionálisan meghámozva), felkockázva
- 1 csésze negyedelt szőlő paradicsom
- ½ csésze apróra vágott vöröshagyma
- ½ csésze durvára vágott koriander
- 1 poblano chili kimagozva és apróra vágva (lásd az ábrát).Nyom)
- 1 jalapeno kimagozva és apróra vágva (lásd az ábrát).Nyom)
- 3 evőkanál friss citromlé
- 2 evőkanál extra szűz olívaolaj

KARAMELLIZÁLT HAGYMA
- 2 evőkanál extra szűz olívaolaj
- 2 nagy édes hagyma (például Maui, Vidalia, Texas Sweet vagy Walla Walla)

½ teáskanál őrölt chipotle chili paprika

1. A steakeket egy sekély tányérra helyezett visszazárható műanyag zacskóba helyezzük; tedd félre. Egy kis tálban keverje össze a citromlevet, az olajat, a koriandert és a fokhagymát; Öntsük rá a zacskóban lévő steakekre. pecsétzsák; Flip kabáthoz. 2 órára hűtőben pácoljuk.

2. Egy nagy salátatálban keverje össze az uborkát, a paradicsomot, a hagymát, a koriandert, a poblano-t és a jalapenót. Dobd össze. Az öntethez egy kis tálban keverjük össze a citromlevet és az olívaolajat. Öntsük a szószt a zöldségekre; dobja le a kabátot. Fedjük le és tegyük hűtőbe tálalásig.

3. Hagyma esetén melegítse elő a sütőt 400°F-ra. Kenjük meg egy holland sütő belsejét olívaolajjal; tedd félre. A hagymát hosszában félbevágjuk, héjukat lehúzzuk, és keresztben fél centiméterre szeleteljük. Keverje össze a maradék olívaolajat, hagymát és chipotle chili paprikát a holland sütőben. Fedjük le és főzzük 20 percig. Fedjük le és hagyjuk hűlni körülbelül 20 percig.

4. A kihűlt hagymát fóliás grillzsákba tesszük, vagy dupla vastagságú fóliába csomagoljuk a hagymát. A fólia tetejét nyárssal több helyen átszúrjuk.

5. A faszén grillhez helyezzen közepesen forró szenet a grill körül. Tesztelje a közepes hőt a grill közepén. Helyezze a csomagot a grillrács közepére. Fedjük le és grillezzük körülbelül 45 percig, vagy amíg a hagyma puha és borostyánsárga nem lesz. (Gázgrillel előmelegítjük a grillt. Csökkentse a hőt közepesre. Indirekt főzéshez állítsa be.

Helyezze a csomagot az égőre, lefedve. Fedje le és grillezzen az utasításoknak megfelelően.)

6. Vegye ki a steakeket a pácból; dobja ki a pácot. Faszén- vagy gázsütéshez helyezze a steakeket közvetlenül a grillrácsra közepesen magas hőfokon. Fedjük le és grillezzük 8-10 percig, vagy amíg a steakbe vízszintesen behelyezett azonnali leolvasású hőmérő 135°F-ot nem mutat, és egyszer elfordul. A steakeket tányérra tesszük, fóliával lazán letakarjuk és 10 percig állni hagyjuk.

7. Tálaláskor a salsa salátát négy tálra osztjuk. Mindegyik tányérra tegyünk egy-egy steaket, és a tetejére tegyünk egy darab karamellizált hagymát. Tálald most.

Előzetes útmutatás: Salsa saláta elkészíthető és tálalás előtt legfeljebb 4 órával hűtőszekrényben tárolható.

GRILLEZETT "VAJ" SZALAG FŰSZERHAGYMÁVAL ÉS FOKHAGYMÁVAL

KÉSZÍTMÉNY:10 perc főzés: 12 perc hűtés: 30 perc grillezés: 11 perc főzés: 4 adag

A FRISSEN GRILLEZETT STEAK HŐ HATÁSÁRA MEGOLVADKARAMELLIZÁLT HAGYMA, FOKHAGYMA ÉS FŰSZERNÖVÉNYEK HALOM KÓKUSZOLAJ ÉS OLÍVAOLAJ GAZDAG ÍZŰ KEVERÉKÉBEN.

2 evőkanál finomítatlan kókuszolaj

1 kis hagyma, félbevágva és nagyon vékony csíkokra vágva (kb. ¾ csésze)

1 gerezd fokhagyma, nagyon vékonyra szeletelve

2 evőkanál extra szűz olívaolaj

1 evőkanál apróra vágott friss petrezselyem

2 teáskanál apróra vágott friss kakukkfű, rozmaring és/vagy kakukkfű

4 db 8-10 uncia marha-ribeye steak, 1 hüvelyk vastagra vágva

½ teáskanál frissen őrölt fekete bors

1. Egy közepes serpenyőben olvasszuk fel a kókuszolajat alacsony lángon. adjunk hozzá hagymát; Időnként megkeverve főzzük 10-15 percig, vagy amíg enyhén megpirul. Adjunk hozzá fokhagymát; Főzzük, időnként megkeverve, további 2-3 percig, vagy amíg a hagyma aranybarna nem lesz.

2. Tegye át a hagymás keveréket egy kis tálba. Keverjük össze olívaolajjal, petrezselyemmel és kakukkfűvel. Hűtőbe tesszük fedő nélkül 30 percre, vagy időnként megkeverve, amíg a keverék elég szilárd lesz ahhoz, hogy kanalazáskor felszívja.

3. Közben a steaket megszórjuk borssal. Faszén- vagy gázsütéshez helyezze a steakeket közvetlenül a grillrácsra közepes lángon. Fedjük le, és grillezzük 11–15 percig közepesen ritka (145 °F) vagy 14–18 percig közepes (160 °F) esetén, egyszer megfordítva a grill felénél.

4. Tálaláskor helyezzen minden steaket egy tálra. Azonnal öntse egyenletesen a hagymás keveréket a steakekre.

GRILLEZETT RÉPA ENTRECOTE SALÁTA

KÉSZÍTMÉNY: Grillezés 20 percig: Állás 55 percig: 5 perc: 4 adag

GYÖNYÖRŰEN PÁROSUL A CÉKLA FÖLDES AROMÁJAA NARANCS ÉS A PIRÍTOTT PEKÁNDIÓ ÉDESSÉGE NÉMI ROPOGÓSSÁ TESZI EZT A FŐÉTEL SALÁTÁT, AMELY TÖKÉLETES EGY FORRÓ NYÁRI ÉJSZAKÁN VALÓ ÉTKEZÉSHEZ.

1 font közepes arany- és/vagy vörös cékla, megtisztítva, megtisztítva és szeletekre vágva

1 kis hagyma, vékony szeletekre vágva

2 szál friss kakukkfű

1 evőkanál extra szűz olívaolaj

tört fekete bors

2 8 uncia kicsontozott marhahús ribeye steak, ¾ hüvelyk vastagra vágva

2 gerezd fokhagyma, félbevágva

2 evőkanál mediterrán fűszer (lásd Leírás)

6 csésze vegyes zöldek

2 narancs meghámozva, felszeletelve és durvára vágva

½ csésze darált dió, pirítva (lásd az ábrát). Nyom)

½ csésze Bright Citrus Vinaigrette (lásd. Leírás)

1. Tegye a céklát, a hagymát és a kakukkfüvet egy fóliás tepsibe. Csepegtessen rá olajat, és keverje össze; Enyhén megszórjuk törött fekete borssal. Faszén- vagy gázgrillhez helyezze a serpenyőt a grillrács közepére. Fedjük le és grillezzük, időnként megkeverve, 55-60 percig, vagy amíg megpuhul egy késsel.

2. Közben dörzsölje át a vágott fokhagymás steak mindkét oldalát; Megszórjuk mediterrán fűszerekkel.

3. Vegye ki a répát a grill közepéről, hogy legyen hely a steakeknek. Közvetlenül közepes lángon grillezzük a steaket. Fedjük le, és grillezzük 11–15 percig közepesen ritka (145 °F) vagy 14–18 percig közepes (160 °F) esetén, egyszer megfordítva a grill felénél. Távolítsa el a fóliát és a steakeket a grillről. Hagyja állni a steakeket 5 percig. Dobja ki a kakukkfű gallyakat a fóliás serpenyőből.

4. Szeletelje fel a steakeket keresztben falatnyi szeletekre. Osszuk el a zöldeket négy tálaló tányérra. Díszítsük szeletelt steakkel, céklával, hagymaszeletekkel, apróra vágott naranccsal és pekándióval. Meglocsoljuk Bright Citrus Vinaigrette-vel.

KOREAI STÍLUSÚ RÖVID BORDA PIRÍTOTT GYÖMBÉRES KÁPOSZTÁVAL

KÉSZÍTMÉNY:50 perc főzés: 25 perc főzés: 10 óra hűtés: éjszaka: 4 adag

ÜGYELJEN ARRA, HOGY BECSUKJA A HOLLAND SÜTŐ AJTAJÁT.NAGYON SZOROSAN ILLESZKEDIK, HOGY TÚL HOSSZÚ SÜTÉSI IDŐ ALATT NE PÁROLOGJON EL A FŐZŐFOLYADÉK A FEDÉL ÉS A SERPENYŐ KÖZÖTTI RÉSBŐL.

1 uncia szárított shiitake gomba

1½ csésze apróra vágott újhagyma

1 ázsiai körte meghámozva, kimagozva és apróra vágva

1 3 hüvelykes darab friss gyömbér, meghámozva és apróra vágva

1 serrano chili paprika finomra vágva (ízlés szerint kimagozva) (lásd az ábrát).Nyom)

5 gerezd fokhagyma

1 evőkanál finomított kókuszolaj

5 kiló csontos marhahús rövid tarja

Frissen őrölt fekete bors

4 csésze marhacsontleves (lásd az ábrát).Leírás) vagy sózatlan húsleves

2 csésze szeletelt friss shiitake gomba

1 evőkanál finomra vágott narancshéj

⅓ csésze friss gyümölcslé

Párolt gyömbéres káposzta (lásd.Leírás, lent)

Finomra reszelt narancshéj (elhagyható)

1. Melegítse elő a sütőt 325°F-ra. Tedd a szárított shiitake gombát egy kis tálba; Annyi forrásban lévő vizet öntünk hozzá, hogy ellepje. Hagyja állni körülbelül 30 percig, vagy amíg rehidratálódik és puha. Lecsepegtetjük, az áztatófolyadékot tároljuk. A gombát apróra vágjuk. Tedd a gombát egy kis tálba; Fedjük le és hűtsük le, amíg szükség lesz rá a 4. lépésben. Tegye félre a gombát és a folyadékot.

2. A szószhoz a mogyoróhagymát, az ázsiai körtét, a gyömbért, a serranót, a fokhagymát és a fenntartott gombaáztató folyadékot robotgépben összedolgozzuk. Fedjük le és dolgozzuk simára. Tegye félre a szószt.

3. Melegítse fel a kókuszolajat egy 6 literes holland sütőben közepesen magas hőfokon. A rövid bordákat megszórjuk frissen őrölt fekete borssal. A bordákat adagonként forró kókuszolajban süssük körülbelül 10 percig, vagy amíg minden oldaluk szépen megpirul, a főzés felénél megfordítjuk. Tegye vissza az összes bordát az edénybe; Adjuk hozzá a szószt és a marhacsont-levest. Fedje le a holland sütőt szorosan záródó fedéllel. Körülbelül 10 órán keresztül főzzük, vagy amíg a hús nagyon puha nem lesz, és leválik a csontokról.

4. Óvatosan távolítsa el a bordákat a szószból. A bordákat és a szószt külön edényekbe tesszük. Lefedjük és egy éjszakára hűtőbe tesszük. Amikor kihűlt, távolítsa el az olajat a szósz felületéről, és dobja ki. Forraljuk fel a szószt magas lángon; Adja hozzá az 1. lépésből származó hidratált gombát és a friss gombát. Óvatosan pároljuk 10 percig, hogy csökkenjen a szósz és intenzívebbé váljanak az ízek. Forgassa a bordákat a szószba; Főzzük, amíg alaposan fel nem melegszik. Keverjünk össze 1 evőkanál narancshéjat és narancslevet. Sült gyömbéres káposztával tálaljuk. Kívánság szerint megszórjuk további narancshéjjal.

Párolt gyömbéres káposzta: Egy nagy serpenyőben, közepesen magas lángon adjunk hozzá 1 evőkanál finomított kókuszolajat. Adjunk hozzá 2 evőkanál apróra vágott friss gyömbért; 2 gerezd fokhagyma, darált; és ízlés szerint tört pirospaprikát. Főzzük és keverjük, amíg illatos lesz, körülbelül 30 másodpercig. Adjunk hozzá 6 csésze reszelt napát, savoyát vagy gallérzöldet és 1 hámozott, kimagozott és vékonyra szeletelt ázsiai körtét. Főzzük és keverjük 3 percig, vagy amíg a káposzta megfonnyad, és a körte megpuhul. Keverjünk hozzá ½ csésze cukrozatlan almalevet. Fedjük le és főzzük körülbelül 2 percig, amíg a káposzta megpuhul. Keverj össze ½ csésze szeletelt zöldhagymát és 1 evőkanál szezámmagot.

BORJÚHÚS RÖVID BORDÁK CITRUSOS ÉDESKÖMÉNY GREMOLATÁVAL

KÉSZÍTMÉNY:Grillezés 40 perc: 8 perc lassú főzés: 9 óra (alacsony) vagy 4½ óra (magas): 4 adag

A GREMOLATA EGY FINOM KEVERÉKSZÓRJON PETREZSELYMET, FOKHAGYMÁT ÉS CITROMHÉJAT AZ OSSO BUCCO TETEJÉRE – A BORJÚCSÜLÖK KLASSZIKUS OLASZ ÉTELÉRE –, HOGY FELDOBJA GAZDAG, VISSZAFOGOTT ÍZÉT. A NARANCSHÉJ ÉS A FRISS TOLLAS ÉDESKÖMÉNYLEVÉL HOZZÁADÁSÁVAL EZ A PUHA MARHAHÚS UGYANEZT TESZI A RÖVID BORDÁKKAL.

SZELET
- 2½-3 font csontos borjúhús rövid bordája
- 3 evőkanál citromfűfűszer (lásd az ábrát).Leírás)
- 1 közepes édesköményhagyma
- 1 nagy hagyma, nagy szeletekre vágva
- 2 csésze marhacsontleves (lásd az ábrát).Leírás) vagy sózatlan húsleves
- 2 gerezd fokhagyma, félbevágva

SÜLT SÜTŐTÖK
- 3 evőkanál extra szűz olívaolaj
- 1 font sütőtök, meghámozva, a magokat eltávolítva és fél hüvelykes darabokra vágva (kb. 2 csésze)
- 4 teáskanál apróra vágott friss kakukkfű
- extra szűz olívaolaj

GREMOLATA
- ¼ csésze apróra vágott friss petrezselyem
- 2 evőkanál darált fokhagyma
- 1½ teáskanál finomra vágott citromhéj
- 1½ teáskanál finomra reszelt narancshéj

1. Szórja meg a rövid bordákat citromfűszerrel; finoman dörzsölje be a húsba az ujjaival; tedd félre. Távolítsa el az édeskömény leveleit; Tartalék a Citrus-Édeskömény Gremolata számára. Vágja le az édesköményhagymát, és vágja negyedekre.

2. A szenes grillhez helyezze a közepesen forró parazsat a grill egyik oldalára. Tesztelje a közepes lángot a szénmentes grill szélén. Helyezze a rövid bordákat a grillrácsra a nem faszén oldalra; Az édesköménynegyedeket és a hagymaszeleteket közvetlenül a parazsatok fölé helyezzük a rácson. Fedjük le és grillezzük 8-10 percig, vagy amíg a zöldségek és a bordák megbarnulnak, a grillezés felénél egyszer fordítsuk meg. (Gázgrillnél melegítse elő a grillt, csökkentse a hőt közepesre. Állítsa be a közvetett sütéshez. Helyezze a bordákat a grillrácsra zárt égő fölé; helyezze az édesköményt és a hagymát a nyitott égő fölé. Fedje le és grillezzen az utasításoknak megfelelően.) Amikor elég kihűlt a kezeléshez, adjunk hozzá édesköményt, és vágjuk durvára a hagymát.

3. Egy 5-6 literes lassú tűzhelyben keverje össze az apróra vágott édesköményt és a hagymát, a marhacsontlevest és a fokhagymát. Adjunk hozzá bordákat. Fedjük le, és főzzük 9-10 órán át alacsony hőfokozaton vagy 4,5-5 órán át magas hőfokon. Egy hasított kanál segítségével tegyük át a bordákat egy tányérra; Fóliával letakarjuk, hogy meleg legyen.

4. Közben a cukkinihez 3 evőkanál olajat hevítünk fel egy nagy serpenyőben közepesen erős lángon. Adjuk hozzá a cukkinit és 3 teáskanál kakukkfüvet, keverjük, hogy

bevonja a tököt. Helyezze a cukkinit egy sorban a serpenyőbe, és keverés nélkül süsse körülbelül 3 percig, vagy amíg az alja aranybarna nem lesz. Fordítsa meg a sütőtök darabokat; Süssük még körülbelül 3 percig, vagy amíg a második oldal is megpirul. Csökkentse a hőt alacsonyra; Fedjük le és főzzük 10-15 percig, vagy amíg megpuhul. Megszórjuk a maradék 1 teáskanál friss kakukkfűvel; Meglocsoljuk extra szűz olívaolajjal.

5. A gremolatához vágjon apróra annyi fenntartott édesköménylevelet, hogy ¼ csésze legyen. Egy kis tálban keverjük össze az apróra vágott édeskömény leveleket, a petrezselymet, a fokhagymát, a citromhéjat és a narancshéjat.

6. Szórjuk meg a gremolatát a bordákra. Cukkinivel tálaljuk.

SVÉD BORJÚHÚSGOMBÓC MUSTÁROS-KAPROS UBORKASALÁTÁVAL

KÉSZÍTMÉNY:30 perc főzés: 15 perc: 4 adag

A BEEF À LA LINDSTROM EGY SVÉD HAMBURGER.HAGYOMÁNYOSAN SZÓSSZAL ÉS SZÓSSZAL TÁLALJUK, HAGYMÁVAL, KAPRIBOGYÓVAL ÉS ECETES CÉKLÁVAL DÍSZÍTVE. EZ A SZEGFŰBORSSAL ÍZESÍTETT VÁLTOZAT A SÓZOTT ECETES CÉKLÁT ÉS A KAPRIBOGYÓT SÜLT CÉKLÁRA CSERÉLI, A MEGSZÓRÁSOKAT PEDIG RÁNTOTTÁVAL.

UBORKASALÁTA
- 2 teáskanál friss narancslé
- 2 teáskanál fehérborecet
- 1 teáskanál Dijon stílusú mustár (lásd Leírás)
- 1 evőkanál extra szűz olívaolaj
- 1 nagy mag nélküli (angol) uborka, meghámozva és felszeletelve
- 2 evőkanál apróra vágott újhagyma
- 1 evőkanál apróra vágott friss kapor

MARHAHÚS POGÁCSÁKAT
- 1 kiló darált marhahús
- ¼ csésze finomra vágott hagyma
- 1 evőkanál Dijon stílusú mustár (lásd Leírás)
- ¾ teáskanál fekete bors
- ½ teáskanál őrölt szegfűbors
- ½ kis cékla, megpirítva, meghámozva és apróra vágva*
- 2 evőkanál extra szűz olívaolaj
- ½ csésze marhacsontleves (lásd az ábrát). Leírás) vagy sózatlan húsleves
- 4 nagy tojás
- 1 evőkanál finomra vágott koriander

1. Az uborkasalátához egy nagy tálban keverjük össze a narancslevet, az ecetet és a Dijon-stílusú mustárt. Fokozatosan, vékony sugárban adjuk hozzá az olívaolajat, és addig keverjük, amíg a szósz kissé besűrűsödik. Adjunk hozzá uborkát, zöldhagymát és kaprot; dobja fel a kombinált. Fedjük le és tegyük hűtőbe tálalásig.

2. A marhahús pogácsákhoz egy nagy tálban keverje össze a darált marhahúst, a hagymát, a dijoni mustárt, a borsot és a szegfűborsot. Adjuk hozzá a sült répát, és óvatosan keverjük össze, amíg egyenletesen beleolvad a húsba. Formázz a keverékből négy ½ hüvelyk vastag pogácsát.

3. Melegíts fel 1 evőkanál olívaolajat egy nagy serpenyőben közepesen magas lángon. A húsgombócokat egyszer megforgatva süssük körülbelül 8 percig, vagy amíg a külsejük megpirulnak és átsülnek (160°). Tegyük a pogácsákat egy tányérra, és lazán takarjuk le alufóliával, hogy melegen tartsák. Hozzáadjuk a marhacsontlevest, és kevergetve kaparjuk le a megbarnult darabokat a serpenyő aljáról. Főzzük körülbelül 4 percig, vagy amíg a felére csökken. Meglocsoljuk a pogácsákat csökkentett serpenyős levével, és újra lazán lefedjük.

4. Öblítse ki és törölje le a serpenyőt papírtörlővel. A maradék 1 evőkanál olívaolajat közepes lángon felhevítjük. A tojásokat forró olajban süssük 3-4 percig, vagy amíg a fehérje megdermed, de a sárgája puha és folyós marad.

5. Tegyünk egy tojást minden húspogácsa tetejére. Megszórjuk metélőhagymával, és uborkasalátával tálaljuk.

*Tipp: A répa sütéséhez alaposan dörzsölje át, és helyezze rá egy darab alufóliára. Meglocsoljuk egy kis olívaolajjal. Fóliába csomagoljuk és szorosan lezárjuk. Süssük 375°F-os sütőben körülbelül 30 percig, vagy amíg egy villa könnyen át nem szúrja a céklát. hagyja kihűlni; csúszik a bőr. (A céklát legfeljebb 3 nappal előre megsüthetjük. A meghámozott répát szorosan becsomagoljuk, és hűtőben tároljuk.)

FOJTOTT MARHABURGER RUKKOLÁN SÜLT GYÖKÉRZÖLDSÉGEKKEL

KÉSZÍTMÉNY:Főzés 40 perc: Sütés 35 perc: 20 perc: 4 adag

SOK ELEM VANEZEK A KIADÓS HAMBURGEREK – ÉS ÖSSZEÁLLÍTÁSUK IDŐBE TELIK –, DE AZ ÍZEK HIHETETLEN KOMBINÁCIÓJA MEGÉRI A FÁRADSÁGOT: EGY HÚSOS HAMBURGER KARAMELLIZÁLT HAGYMÁS ÉS GOMBÁS SERPENYŐS SZÓSSZAL, ÉS ÉDESEN SÜLT ZÖLDSÉGEKKEL ÉS PAPRIKÁVAL TÁLALJUK. RAKÉTA.

5 evőkanál extra szűz olívaolaj

2 csésze szeletelt friss gomba, cremini és/vagy shiitake gomba

3 sárga hagyma, vékonyra szeletelve*

2 teáskanál köménymag

3 sárgarépa, meghámozva és 1 hüvelykes darabokra vágva

2 paszternák, meghámozva és 1 hüvelykes darabokra vágva

1 makktök félbevágva, kimagozva és szeletekre vágva

Frissen őrölt fekete bors

2 kiló darált marhahús

½ csésze finomra vágott hagyma

1 evőkanál sótlan univerzális fűszerkeverék

2 csésze marhacsontleves (lásd az ábrát).Leírás) vagy sózatlan húsleves

¼ csésze cukrozatlan almalé

1-2 evőkanál száraz sherry vagy fehérborecet

1 evőkanál Dijon stílusú mustár (lásdLeírás)

1 evőkanál apróra vágott friss kakukkfű levél

1 evőkanál apróra vágott friss petrezselyemlevél

8 csésze rukkolalevél

1. Melegítse elő a sütőt 425°F-ra. A szószhoz hevíts fel 1 evőkanál olívaolajat egy nagy serpenyőben közepesen magas lángon. Adjunk hozzá gombát; Főzzük és keverjük

körülbelül 8 percig, vagy amíg jól megbarnul és megpuhul. Egy lyukas kanál segítségével tegyük át a gombát egy tányérra. Helyezze vissza a serpenyőt az égőre; mérsékelje a hőt közepesre. Hozzáadjuk a maradék 1 evőkanál olívaolajat, a felszeletelt hagymát és a köménymagot. Fedjük le, és időnként megkeverve főzzük 20-25 percig, vagy amíg a hagyma nagyon puha és gazdagon megpirul. (Szükség szerint állítsa be a hőt, nehogy a hagyma megégjen.)

2. Közben a sárgarépát, a paszternákot és a cukkinit egy nagy tepsire helyezzük a sült gyökérzöldségekhez. Meglocsoljuk 2 evőkanál olívaolajjal, és ízlés szerint megszórjuk fekete borssal; feldobjuk a zöldségek bevonására. Süssük 20-25 percig, vagy amíg megpuhul és barnulni kezd, a sütés felénél egyszer megfordítva. Tálalásig tartsa melegen a zöldségeket.

3. Burgerekhez egy nagy tálban keverje össze a darált marhahúst, az apróra vágott hagymát és a fűszerkeveréket. Osszuk a húskeveréket négy egyenlő részre, és formáljunk belőle körülbelül ¾ hüvelyk vastagságú pogácsákat. Egy extra nagy serpenyőben melegítse fel a maradék 1 evőkanál olívaolajat közepesen magas lángon. Adja hozzá a hamburgert a serpenyőhöz; Egyszer megforgatva süssük körülbelül 8 percig, vagy amíg mindkét oldala megpirul. Tegye át a hamburgert egy tányérra.

4. Adja hozzá a karamellizált hagymát, a fenntartott gombát, a marhacsontlevest, az almalevet, a sherryt és a Dijon-stílusú mustárt a serpenyőbe, és keverje össze. Tegye

vissza a hamburgereket a serpenyőbe. Forraljuk fel. Süssük, amíg a hamburgerek elkészülnek (160°F), körülbelül 7-8 percig. Ízlés szerint friss kakukkfüvet, petrezselymet és borsot keverünk hozzá.

5. Tálaláshoz tegyünk 2 csésze rukkolát mind a négy tálalótányérra. Osszuk el a sült zöldségeket a saláták között, majd adjuk hozzá a hamburgert. A hagymás keveréket bőségesen rákanalazzuk a hamburgerekre.

*Tipp: A mandolinszeletelő nagyon hasznos, ha a hagymát vékonyra szeleteljük.

GRILLEZETT MARHABURGER SZEZÁMMAGOS PARADICSOMMAL

KÉSZÍTMÉNY:30 perc állás: Grillezés 20 perc: 10 percre készül: 4 adag

ROPOGÓS, ARANYBARNA PARADICSOMSZELETEK SZEZÁMHÉJJALÁLLJON MEG A HAGYOMÁNYOS SZEZÁMMAGOS ZSEMLÉVEL EZEKNÉL A FÜSTÖS HAMBURGEREKNÉL. KÉSSEL ÉS VILLÁVAL TÁLALJUK.

4 ½ hüvelyk vastag szelet piros vagy zöld paradicsom*

1¼ font sovány darált marhahús

1 evőkanál füstös fűszerezés (lásd Leírás)

1 nagy tojás

¾ csésze mandulaliszt

¼ csésze szezámmag

¼ teáskanál fekete bors

1 kisebb vöröshagyma félbevágva és felszeletelve

1 evőkanál extra szűz olívaolaj

¼ csésze finomított kókuszolaj

1 kis fej Bibb saláta

Paleo ketchup (lásd.Leírás)

Dijon stílusú mustár (lásd Leírás)

1. Helyezze a paradicsomszeleteket egy dupla papírtörlőre. Egy másik dupla papírtörlővel kikanalazzuk a paradicsomot. Enyhén nyomkodjuk papírtörlőre, hogy a paradicsomhoz tapadjanak. Hagyja állni szobahőmérsékleten 20-30 percig, hogy a paradicsomlé egy része felszívódjon.

2. Közben keverje össze a darált marhahúst és a Smoky Spice-t egy nagy tálban. Négy ½ hüvelyk vastag pogácsát formázunk belőle.

3. Egy sekély tálban villával enyhén felverjük a tojást. Egy másik sekély tálban keverje össze a mandulalisztet, a szezámot és a borsot. Mártsuk a tojásba, és fordítsuk meg, hogy minden paradicsomszeletet ellepjen. Hagyja lefolyni a felesleges tojást. Mártsuk a mandula lisztkeverékbe, hogy minden paradicsomszeletet bevonjanak. Tegye a bevont paradicsomot egy lapos tányérra; tedd félre. Dobd meg a hagymaszeleteket olívaolajjal; tedd a hagymaszeleteket a grillkosárba.

4. Faszén- vagy gázsütőnél közepes lángon tegye a hagymát a kosárba, a marhahúspogácsákat pedig a grillrácsra. Fedjük le és grillezzük 10-12 percig, vagy a hagyma aranybarna és enyhén elszenesedett, a húsgombócokat pedig (160°) úgy készítjük el, hogy a hagymát időnként megkeverjük és a húsgombócokat egyszer megforgatjuk.

5. Közben egy nagy serpenyőben közepes lángon felforrósítjuk az olajat. Adjunk hozzá paradicsomszeleteket; Süssük 8-10 percig, vagy amíg aranybarna nem lesz, egyszer fordítsuk meg. (Ha a paradicsom túl gyorsan pirulna, mérsékelje a lángot közepesen alacsonyra. Ha szükséges, adjon hozzá még olajat.) Papírtörlővel bélelt tányéron csepegtesse le.

6. Tálaláskor a salátát négy tálra osztjuk. Díszítsük húsgombócokkal, hagymával, paleo ketchuppal, dijoni stílusú mustárral és szezámhéjú paradicsommal.

*Megjegyzés: Valószínűleg 2 nagy paradicsomra lesz szüksége. Ha piros paradicsomot használ, válasszon olyan paradicsomot, amely éppen érett, de még kissé kemény.

BURGER ON STICK BABA GHANOUSH MÁRTOGATÓS SZÓSSZAL

SZOPNI:15 perc előkészítés: 20 perc grillezés: 35 perc elkészítési idő: 4 adag

A BABA GHANOUSH EGY KÖZEL-KELETI ELTERJEDTSÉGFÜSTÖLT GRILLEZETT PADLIZSÁNBÓL, OLÍVAOLAJJAL, CITROMMAL, FOKHAGYMÁVAL ÉS TAHINIVEL PÉPESÍTVE, ŐRÖLT SZEZÁMMAGBÓL KÉSZÜLT PASZTA. A SZEZÁMMAG SZÓRÁSA JÓ, DE HA OLAJAT VAGY PASZTÁT KÉSZÍTENEK BELŐLE, KONCENTRÁLT LINOLSAVFORRÁSSÁ VÁLIK, AMI HOZZÁJÁRULHAT A GYULLADÁSHOZ. AZ ITT HASZNÁLT FENYŐMAG OLAJ JÓ ALTERNATÍVA.

4 szárított paradicsom

1½ kiló sovány darált marhahús

3-4 evőkanál finomra vágott hagyma

1 evőkanál finomra vágott friss kakukkfű és/vagy finomra vágott friss menta vagy
½ teáskanál szárított kakukkfű, törve

¼ teáskanál cayenne bors

Baba Ghanoush mártogatós szósz (lásd.Leírás, lent)

1. Áztasson nyolc 10 hüvelykes fanyársat vízbe 30 percre. Közben egy kis tálkában öntsünk forrásban lévő vizet a paradicsomra; Hagyja 5 percig rehidratálódni. A paradicsomot leszűrjük, és papírtörlővel megszárítjuk.

2. Egy nagy tálban keverje össze az apróra vágott paradicsomot, a darált marhahúst, a hagymát, a kakukkfüvet és a paprikát. Osszuk a húskeveréket nyolc részre; formáljunk minden darabot golyóvá. Vegye ki a nyársakat a vízből; szárítsa meg. Fűzz egy labdát egy nyársra, és formálj hosszú oválist a nyárs körül,

közvetlenül a hegyes vége alatt kezdődően, és hagyj elegendő helyet a másik végén a rúd megtartásához. Ismételje meg a többi nyárssal és golyóval.

3. Faszén- vagy gázgrillhez helyezze a marhahúsnyársakat közvetlenül a grillrácsra közepes lángon. Fedjük le és grillezzük körülbelül 6 percig, vagy amíg kész (160°F), a grillezés felénél egyszer fordítsuk meg. Baba Ghanoush mártogatós szósszal tálaljuk.

Baba Ghanoush mártogatós szósz: 2 db közepes méretű padlizsánt villával több helyre szúrunk. Faszén- vagy gázgrill esetén helyezze a padlizsánt közvetlenül a grillrácsra közepes lángon. Fedjük le és grillezzük 10 percig, vagy amíg minden oldala elszenesedett, grillezés közben többször megfordítva. Vegyük ki a padlizsánokat, és óvatosan csomagoljuk be fóliába. Tegye vissza a becsomagolt padlizsánt a grillrácsra, de ne közvetlenül a parázsra. Fedjük le és grillezzük további 25-35 percig, vagy amíg összeesik és nagyon puha nem lesz. Menő. Vágja félbe a padlizsánt, és kaparja ki a húsát; a húst aprítógépbe tesszük. Adjon hozzá ¼ csésze fenyőmag olajat (lásd a forrásokat).Leírás); ¼ csésze friss citromlé; 2 gerezd fokhagyma, darált; 1 evőkanál extra szűz olívaolaj; 2-3 evőkanál apróra vágott friss petrezselyem; és ½ teáskanál őrölt kömény. Fedjük le és dolgozzuk szinte simára. Ha a szósz túl sűrű a mártáshoz, adjunk hozzá annyi vizet, hogy a kívánt állagot elérjük.

FÜSTÖS TÖLTÖTT ÉDES PAPRIKA

KÉSZÍTMÉNY:20 perc főzés: 8 perc főzés: 30 perc főzés: 4 adag

LEGYEN EZ A CSALÁD KEDVENCEÉDES PAPRIKA SZÍNES KEVERÉKÉVEL A SZEMET GYÖNYÖRKÖDTETŐ ÉTKEZÉSHEZ. A TŰZÖN SÜLT PARADICSOM JÓ PÉLDA ARRA, HOGYAN LEHET EGÉSZSÉGES MÓDON ÍZESÍTENI AZ ÉTELEKET. EGY EGYSZERŰ FOLYAMAT, AMIKOR A PARADICSOMOT KONZERVÁLÁS ELŐTT ENYHÉN MEGÉGETJÜK (SÓ NÉLKÜL), FOKOZZA AZ ÍZÉT.

4 nagy zöld, piros, sárga és/vagy narancssárga édes paprika

1 kiló darált marhahús

1 evőkanál füstös fűszerezés (lásdLeírás)

1 evőkanál extra szűz olívaolaj

1 kis sárga hagyma apróra vágva

3 gerezd fokhagyma, felaprítva

1 kis fej karfiol kimagozva és rózsákra vágva

1 15 uncia apróra vágott tűzön sült paradicsom hozzáadott só nélkül, lecsepegtetve

¼ csésze finomra vágott friss petrezselyem

½ teáskanál fekete bors

⅛ teáskanál cayenne bors

½ csésze diómorzsa öntet (lásd az ábrát).Leírás, lent)

1. Melegítse elő a sütőt 375°F-ra. Az édes paprikát függőlegesen félbevágjuk. Távolítsa el a szárakat, magokat és hártyákat; dobni. Tegye félre a paprika felét.

2. Tegye a darált húst egy közepes tálba; Megszórjuk Smoky Spice-vel. Kezével óvatosan keverje össze a fűszereket a hússal.

3. Melegítse fel az olívaolajat egy nagy serpenyőben közepes lángon. Adjunk hozzá húst, hagymát és fokhagymát; Addig

főzzük, fakanállal kevergetve a húst, amíg a hús megpirul és a hagyma megpuhul. Vegyük le a serpenyőt a tűzről.

4. A karfiol rózsákat robotgépben pörgesd fel egészen apróra. (Ha nincs robotgépünk, a karfiolt reszelőn lereszeljük.) Mérjünk ki 3 csésze karfiolt. Adjuk hozzá a serpenyőben lévő darált keverékhez. (Ha maradt karfiol, tegyük félre egy másik felhasználásra.) Adjuk hozzá a lecsepegtetett paradicsomot, a petrezselymet, a fekete borsot és a pirospaprikát, és keverjük össze.

5. Töltsük meg a borsféléket a darált marhahús keverékkel, csomagoljuk enyhén és nyomjuk meg. A megtöltött fél paprikát sütőpapíros tepsire tesszük. Süssük 30-35 percig, vagy amíg a paprika ropogós nem lesz.* A tetejére diómorzsát teszünk. Ha szükséges, tálalás előtt tegyük vissza a sütőbe 5 percre, hogy ropogós legyen.

Diómorzsa feltét: Egy közepes serpenyőben adjunk hozzá 1 evőkanál extra szűz olívaolajat közepesen alacsony lángon. Keverj össze 1 teáskanál szárított kakukkfüvet, 1 teáskanál füstölt paprikát és ¼ teáskanál fokhagymaport. Adjunk hozzá 1 csésze nagyon apróra vágott diót. Főzzük és keverjük körülbelül 5 percig, vagy amíg a pekándió aranybarna és enyhén megpirul. Keverjünk bele egy-két cayenne-i paprikát. Hagyjuk teljesen kihűlni. A maradék tölteléket felhasználásig jól lezárt edényben tárolja a hűtőszekrényben. 1 csésze lesz belőle.

*Megjegyzés: Ha zöldpaprikát használunk, főzzük további 10 percig.

BÖLÉNY BURGER CABERNET HAGYMÁVAL ÉS RUKKOLÁVAL

KÉSZÍTMÉNY:Sütés 30 perc: Grillezés 18 perc: 10 perc: 4 adag

A BÖLÉNY NAGYON ALACSONY ZSÍRTARTALMÚÉS 30-50%-KAL GYORSABBAN MEGSÜL, MINT A MARHAHÚS. A HÚS A FŐZÉS UTÁN IS MEGŐRZI VÖRÖS SZÍNÉT, ÍGY A SZÍN NEM JELENTI AZT, HOGY MEGSÜLT. MIVEL A BÖLÉNY NAGYON SOVÁNY, NE FŐZZÜK 155 °F BELSŐ HŐMÉRSÉKLET FELETT.

2 evőkanál extra szűz olívaolaj

2 nagy édes hagyma, vékonyra szeletelve

¾ csésze Cabernet Sauvignon vagy más száraz vörösbor

1 teáskanál mediterrán fűszer (lásd<u>Leírás</u>)

¼ csésze extra szűz olívaolaj

¼ csésze balzsamecet

1 evőkanál finomra vágott medvehagyma

1 evőkanál apróra vágott friss bazsalikom

1 kis gerezd fokhagyma, felaprítva

1 kiló őrölt bölény

¼ csésze bazsalikom pesto (lásd<u>Leírás</u>)

5 csésze rukkola

Pörkölt nyers sózatlan földimogyoró (lásd<u>Nyom</u>)

1. Melegítsen fel 2 evőkanál olajat egy nagy serpenyőben közepes-alacsony lángon. Adjunk hozzá hagymát. Fedővel 10-15 percig főzzük, vagy amíg a hagyma megpuhul, időnként megkeverve. Kitalál; Főzzük és keverjük közepesen magas lángon 3-5 percig, vagy amíg a hagyma aranybarna nem lesz. Adjunk hozzá bort; Körülbelül 5 percig főzzük, vagy amíg a bor nagy része el nem párolog. Megszórjuk mediterrán fűszerrel; tartsd melegen.

2. Ezalatt a salátaöntethez keverjünk össze ¼ csésze olívaolajat, ecetet, medvehagymát, bazsalikomot és fokhagymát egy csavaros tetejű üvegben. Fedjük le és jól rázzuk össze.

3. Egy nagy tálban óvatosan keverje össze az őrölt bölényt és a bazsalikom pestót. Enyhén formázzuk a húskeverékből négy ¾ hüvelyk vastag pogácsát.

4. Faszén- vagy gázgrillezéskor helyezze a pogácsákat közvetlenül egy enyhén olajozott grillrácsra közepes lángon. Fedjük le és grillezzük úgy, hogy a grill felénél egyszer megfordítjuk a kívánt készre (145 °F közepesen ritka vagy 155 °F közepesen), körülbelül 10 percig.

5. Tegye a rukkolát egy nagy tálba. Öntsük salátaöntet rukkolára; dobja le a kabátot. Tálaláskor a hagymát négy tálra osztjuk; mindegyik tetejére tegyen egy bölényhamburgert. A hamburgerek tetejére rukkolával és pisztáciával szórjuk meg.

BÖLÉNY ÉS BÁRÁNY HÚSGOMBÓC MÁNGOLDON ÉS ÉDESBURGONYÁN

KÉSZÍTMÉNY:1 óra főzés: 20 perc főzés: 1 óra állni tartás: 10 perc elkészítése: 4 adag

EZ EGY RÉGIMÓDI KÉNYELMES ÉTELMODERN CSAVARRAL. A VÖRÖSBOROS SERPENYŐS SZÓSZ FELDOBJA A POGÁCSÁKAT, A MÁNGOLD ÉS AZ ÉDESBURGONYA FOKHAGYMÁS PÜRÉVEL KESUDIÓKRÉMMEL ÉS KÓKUSZOLAJJAL PEDIG HIHETETLEN TÁPANYAGTARTALMAT KÍNÁLNAK.

- 2 evőkanál olívaolaj
- 1 csésze finomra vágott cremini gomba
- ½ csésze apróra vágott vöröshagyma (1 közepes)
- ½ csésze finomra vágott zeller (1 szár)
- ⅓ csésze finomra vágott sárgarépa (1 kicsi)
- ½ kis alma, kimagozva, meghámozva és lereszelve
- 2 gerezd fokhagyma, felaprítva
- ½ teáskanál mediterrán fűszer (lásd Leírás)
- 1 nagy tojás, enyhén felverve
- 1 evőkanál apróra vágott friss zsálya
- 1 evőkanál apróra vágott friss kakukkfű
- 8 uncia őrölt bölény
- 8 uncia darált bárány- vagy marhahús
- ¾ csésze száraz vörösbor
- 1 közepes mogyoróhagyma, apróra vágva
- ¾ csésze marhacsontleves (lásd az ábrát).Leírás) vagy sózatlan húsleves
- Édesburgonyapüré (lásd az ábrát).Leírás, lent)
- Fokhagymás mángold (lásd.Leírás, lent)

1. Melegítse elő a sütőt 350°F-ra. Melegítsünk olajat egy nagy serpenyőben közepes lángon. Adjunk hozzá gombát, hagymát, zellert és sárgarépát; Főzzük és keverjük

körülbelül 5 percig, vagy amíg a zöldségek megpuhulnak. Csökkentse a hőt alacsonyra; Adjuk hozzá a reszelt almát és a fokhagymát. Fedő nélkül főzzük körülbelül 5 percig, vagy amíg a zöldségek nagyon megpuhulnak. Távolítsa el a tűzről; Hozzákeverjük a mediterrán fűszereket.

2. Egy lyukas kanál segítségével tegyük át a gombás keveréket egy nagy tálba, és rejtsük el a cseppeket a serpenyőbe. Hozzákeverjük a tojást, a zsályát és a kakukkfüvet. Adjuk hozzá a bölényt és az őrölt bárányt; enyhén keverjük össze. A húskeveréket kanalazzuk egy 2 literes téglalap alakú tepsibe; Alakítsa át 7x4 hüvelykes téglalappá. Süssük körülbelül 1 órán keresztül, vagy amíg az azonnali leolvasású hőmérő 155 °F-ot nem mutat. Várjon 10 percet. Óvatosan tegyük át a húsgombócokat a tálalótálra. Fedjük le és tartsuk melegen.

3. A serpenyős szószhoz kaparja le a serpenyőből a lecsepegtetett csepegést és a megbarnult kéregeket a serpenyőben fenntartott csepegésekre. Adjunk hozzá bort és medvehagymát. Forraljuk fel közepes lángon; Főzzük, amíg felére csökken. Adjunk hozzá marhacsontlevest; Főzzük és keverjük, amíg felére csökken. Vegyük le a serpenyőt a tűzről.

4. Tálaláshoz osszuk el az édesburgonyapürét négy tányérra; A tetejére tegyük a Garlicky Swiss Chard-ot. Szeletelj húsgombócokat; Rendezzük el a szeleteket a Garlicky Swiss Chard-on, és öntsük le serpenyős szósszal.

Édesburgonyapüré: Hámozzon meg és vágjon durvára 4 közepes édesburgonyát. Egy nagy fazékban főzzük a burgonyát annyi forrásban lévő vízben, hogy ellepje 15 percig, vagy amíg megpuhul; kisülés. Burgonyanyomóval pépesítjük. Adjunk hozzá ½ csésze kesudió krémet (lásd az ábrát).Leírás) és 2 evőkanál finomítatlan kókuszolaj; simára törjük. Tartsd melegen.

Fokhagymás mángold: Távolítsa el és dobja ki a szárát 2 csokor mángoldból. A leveleket durvára vágjuk. Melegítsünk fel 2 evőkanál olívaolajat egy nagy serpenyőben közepes lángon. Adjunk hozzá mángoldot és 2 gerezd darált fokhagymát; a mángoldot addig főzzük, amíg megfonnyad, időnként megforgatva csipesszel.

BÖLÉNY HÚSGOMBÓC CUKKINI ALMÁS RIBIZLI SZÓSSZAL PAPPARDELLE

KÉSZÍTMÉNY:25 perc főzés: 15 perc főzés: 18 perc készítés: 4 adag

A HÚSGOMBÓC NAGYON NEDVES LESZLÉTREHOZÁSAKOR. ANNAK ELKERÜLÉSE ÉRDEKÉBEN, HOGY A HÚSKEVERÉK A KEZÉHEZ TAPADJON, TARTSON KÉZNÉL EGY TÁL HIDEG VIZET, ÉS MUNKA KÖZBEN IDŐNKÉNT NEDVESÍTSE MEG A KEZÉT. A FASÍRT KÉSZÍTÉSE KÖZBEN NÉHÁNYSZOR CSERÉLJE KI A VIZET.

HÚSGOLYÓK
- olivaolaj
- ½ csésze durvára vágott vöröshagyma
- 2 gerezd fokhagyma, felaprítva
- 1 tojás, enyhén felverve
- ½ csésze finomra vágott gomba és szár
- 2 evőkanál apróra vágott friss olasz (lapos levelű) petrezselyem
- 2 teáskanál olívaolaj
- 1 font őrölt bölény (durva őrölt, ha van)

ALMÁS-MAZSOLA SZÓSZ
- 2 evőkanál olívaolaj
- 2 nagy Granny Smith alma, meghámozva, kimagozva és apróra vágva
- 2 medvehagyma, apróra vágva
- 2 evőkanál friss citromlé
- ½ csésze csirke csontleves (lásd Leírás) vagy sózatlan csirkehúsleves
- 2-3 evőkanál szárított ribizli

TÖK PAPPARDELLE
- 6 cukkini
- 2 evőkanál olívaolaj
- ¼ csésze apróra vágott újhagyma
- ½ teáskanál őrölt pirospaprika

2 gerezd fokhagyma, felaprítva

1. A húsgombócokhoz melegítse elő a sütőt 375°F-ra. Egy peremes tepsit enyhén megkenünk olívaolajjal; tedd félre. A hagymát és a fokhagymát aprítógépben vagy turmixgépben összedolgozzuk. Pulzálj simára. Tegye át a hagymás keveréket egy közepes tálba. Adjunk hozzá tojást, gombát, petrezselymet és 2 teáskanál olajat; keverjük össze. Adjunk hozzá őrölt bölényt; Enyhén, de alaposan keverjük össze. Osszuk a húskeveréket 16 részre; formát adnak a húsgombócoknak. A húsgombócokat egyenletesen az előkészített tepsire helyezzük. főzzük 15 percig; tedd félre.

2. A szószhoz egy serpenyőben, közepes lángon hevíts fel 2 evőkanál olajat. adjunk hozzá almát és medvehagymát; Főzzük és keverjük 6-8 percig, vagy amíg nagyon puha nem lesz. Keverje hozzá a citromlevet. Tegye át a keveréket egy konyhai robotgépbe vagy turmixgépbe. Fedjük le és dolgozzuk fel vagy turmixoljuk simára; vissza a serpenyőbe. Hozzákeverjük a csirkehúslevest és a ribizlit. Forraljuk fel; csökkentse a hőt. Fedő alatt 8-10 percig főzzük, gyakran kevergetve. Adjunk hozzá húsgombócokat; Lassú tűzön, kevergetve főzzük, amíg fel nem forr.

3. Közben vágjuk le a cukkini végeit a pappardelle-hez. Mandolinnal vagy nagyon éles zöldséghámozóval borotváld le vékony csíkokra a cukkinit. (A szalagok érintetlenségének megőrzése érdekében hagyja abba a nyírást, amikor eléri a magokat a tök közepén.) Melegítsünk fel 2 evőkanál olajat egy extra nagy serpenyőben közepes lángon. Adjuk hozzá a

mogyoróhagymát, a törött pirospaprikát és a fokhagymát; Főzzük és keverjük 30 másodpercig. Adjunk hozzá cukkini csíkokat. Főzzük és óvatosan keverjük körülbelül 3 percig, vagy amíg meg nem fonnyad.

4. Tálaláskor a pappardelle-t négy tálra osztjuk; Díszítsük fasírttal és alma ribizli szósszal.

BÖLÉNY-PORCINI BOLOGNESE SÜLT FOKHAGYMÁS SPAGETTITÖKKEL

KÉSZÍTMÉNY:30 perc főzés: 1 óra 30 perc főzés: 35 perc készítés: 6 adag

HA AZT HITTED, ESZELAMIKOR ELFOGADJA A PALEO DIET®-T, AZ UTOLSÓ SPAGETTIT HÚSMÁRTÁSSAL, GONDOLJA ÁT ÚJRA. FOKHAGYMÁVAL, VÖRÖSBORRAL ÉS FÖLDES VARGÁNYÁVAL ÍZESÍTVE EZT A GAZDAG BOLOGNAIT ÉDES, FINOM SPAGETTITÖKRE SZÓRJÁK. EGY KICSIT SEM FOG HIÁNYOZNI A TÉSZTA.

- 1 uncia szárított vargánya gomba
- 1 csésze forrásban lévő víz
- 3 evőkanál extra szűz olívaolaj
- 1 kiló őrölt bölény
- 1 csésze apróra vágott sárgarépa (2)
- ½ csésze apróra vágott hagyma (1 közepes)
- ½ csésze finomra vágott zeller (1 szár)
- 4 gerezd fokhagyma, felaprítva
- 3 evőkanál sótlan paradicsompüré
- ½ csésze vörösbor
- 2 15 uncia konzerv zúzott paradicsom hozzáadott só nélkül
- 1 teáskanál szárított kakukkfű, összetörve
- 1 teáskanál szárított kakukkfű, összetörve
- ½ teáskanál fekete bors
- 1 közepes spagettitök (2½-3 font)
- 1 izzó fokhagyma

1. Egy kis tálban keverje össze a vargányát forrásban lévő vízzel; Várjon 15 percet. Szűrjük át 100% pamut sajtkendővel bélelt szitán, az áztatófolyadékot

takarékoskodjuk. Vágja fel a gombát; állítsa be az oldalakat.

2. Egy 4-5 literes holland sütőben 1 evőkanál olívaolajat melegíts fel közepes lángon. Adjuk hozzá a darált bölényt, a sárgarépát, a hagymát, a zellert és a fokhagymát. Addig főzzük, amíg a hús meg nem pirul, a zöldségek pedig megpuhulnak, fakanállal kevergetve a húst összetörjük. Adjunk hozzá paradicsompürét; Főzzük és keverjük 1 percig. adjunk hozzá vörösbort; Főzzük és keverjük 1 percig. Keverje hozzá a vargányát, a paradicsomot, a kakukkfüvet, a kakukkfüvet és a borsot. Adjuk hozzá a fenntartott gomba folyadékot, ügyelve arra, hogy ne adjunk hozzá homokot vagy kavicsot, amely az edény aljába kerülhet. Forraljuk fel, időnként megkeverve; minimalizálja a hőt. Fedővel főzzük 1½-2 órán keresztül, vagy amíg el nem érjük a kívánt állagot.

3. Közben melegítse elő a sütőt 375°F-ra. Fél cukkini hosszában; kaparjuk ki a magokat. Tegye a cukkinit vágott oldalával lefelé egy nagy tepsire. Villával szúrja át a bőrt az egész. Vágja le a fokhagyma fejének felső ½ hüvelyknyi részét. A fokhagymát a cukkinivel együtt a tepsire helyezzük úgy, hogy a végük felfelé nézzen. Meglocsoljuk a maradék 1 evőkanál olívaolajjal. Süssük 35-45 percig, vagy amíg a cukkini és a fokhagyma megpuhul.

4. Egy kanál és villa segítségével távolítsa el és aprítsa fel a sütőtök húsát minden tökfélről; Tegyük át egy tálba, és fedjük le, hogy melegen tartsuk. Amikor a fokhagyma elég hideg ahhoz, hogy kezelni tudja, nyomja ki a hagymát az aljáról, hogy eltávolítsa a gerezdeket. Villával törjük össze

a fokhagymát. A zúzott fokhagymát a tökhöz keverjük, egyenletesen elosztva a fokhagymát. Tálaláskor a szószt a cukkinis keverékre kanalazzuk.

BISON CHILI-CON CARNE

KÉSZÍTMÉNY:25 perc főzés: 1 óra 10 perc: 4 adag

ÉDESÍTETLEN CSOKOLÁDÉ, KÁVÉ ÉS FAHÉJADJON ÉRDEKLŐDÉST EHHEZ A KIADÓS KEDVENCHEZ. HA MÉG FÜSTÖSEBB ÍZT SZERETNE, A HAGYOMÁNYOS PAPRIKA HELYETT 1 EVŐKANÁL ÉDES FÜSTÖLT PAPRIKÁT HELYETTESÍTSEN.

3 evőkanál extra szűz olívaolaj

1 kiló őrölt bölény

½ csésze apróra vágott hagyma (1 közepes)

2 gerezd fokhagyma, felaprítva

2 db 14,5 unciás konzerv kockára vágott, sómentes paradicsom, kiöntetlen

1 6 uncia sótlan paradicsompüré

1 csésze marhacsontleves (lásd az ábrát).Leírás) vagy sózatlan húsleves

½ csésze erős kávé

2 uncia 99%-os kakaós sütőrúd, apróra vágva

1 evőkanál pirospaprika

1 teáskanál őrölt kömény

1 teáskanál szárított kakukkfű

1½ teáskanál Smoky Spice (lásdLeírás)

½ teáskanál őrölt fahéj

⅓ csésze pepitas

1 teáskanál olívaolaj

½ csésze kesudió krém (lásdLeírás)

1 teáskanál friss citromlé

½ csésze friss korianderlevél

4 lime

1. Melegíts fel 3 evőkanál olívaolajat egy holland sütőben, közepes lángon. Adjunk hozzá őrölt bölényt, hagymát és fokhagymát; Főzzük, fakanállal kevergetve, hogy a hús

feltörjön, körülbelül 5 percig, vagy amíg a hús megpirul. Keverjük össze a lecsepegtetett paradicsomot, a paradicsompürét, a marhacsontlevest, a kávét, a sütőcsokoládét, a paprikát, a köményt, a kakukkfüvet, az 1 teáskanál füstölt fűszert és a fahéjat. Forraljuk fel; csökkentse a hőt. Fedővel 1 órán át főzzük, időnként megkeverve.

2. Közben a pepitákat 1 teáskanál olívaolajon kis serpenyőben közepes lángon aranybarnára sütjük. Tedd a pepitákat egy kis tálba; hozzáadjuk a maradék ½ teáskanál Smoky Spice-t; dobja le a kabátot.

3. Egy kis tálban keverjük össze a kesudiókrémet és a citromlevet.

4. Tálaláskor tálakba helyezzük a chilipelyhet. A felső részek kesudiókrémmel, pepitával és korianderrel. Lime szeletekkel tálaljuk.

GRILLEZETT CITROMOS MAROKKÓI FŰSZERES BÖLÉNY STEAK

KÉSZÍTMÉNY:Grillezés 10 percig: 10 perc: 4 adag

TÁLALJA FEL EZEKET A GYORSAN ELKÉSZÍTHETŐ STEAKEKETHŰVÖS ÉS ROPOGÓS FŰSZERES SÁRGARÉPA SALÁTÁVAL (LÁSD.LEÍRÁS). HA VALAMI ENNI VÁGYIK, GRILLEZETT ANANÁSZ KÓKUSZKRÉMMEL (LÁSD.LEÍRÁS) NAGYSZERŰ MÓDJA LENNE AZ ÉTKEZÉS BEFEJEZÉSÉNEK.

2 evőkanál őrölt fahéj

2 evőkanál pirospaprika

1 evőkanál fokhagyma por

¼ teáskanál cayenne bors

4 db 6 uncia bölényfilé mignon steak, ¾-1 hüvelyk vastagra vágva

2 citrom vízszintesen félbevágva

1. Egy kis tálban keverjük össze a fahéjat, a paprikát, a fokhagymaport és a paprikát. Papírtörlővel szárítsa meg a steakeket. A steak mindkét oldalát bedörzsöljük a fűszerkeverékkel.

2. Faszén- vagy gázsütéshez helyezze a steakeket közvetlenül a grillrácsra közepes lángon. Fedjük le, és grillezzük 10-12 percig közepesen ritka (145°F) vagy 12-15 percig közepesen (155°F), egyszer megfordítva a grill felénél. Közben a citromszeleteket vágott felükkel lefelé a grillrácsra helyezzük. Grillezzön 2-3 percig, vagy amíg enyhén megpirul és lédús lesz.

3. Tálaljuk egy fél grillezett citrommal, hogy a steakekre facsarjuk.

HERBES DE PROVENCE-I GÖMBÖLYU BÖLENY MARHABELSZIN

KESZITMENY:15 perces főzés: 15 perces sütés: 1 óra 15 perc állás: 15 perc: 4 adag

A HERBES DE PROVENCE EGY KEVEREKSZARAZ FUSZERNÖVENYEK, AMELYEK BOSEGESEN NONEK DEL-FRANCIAORSZAGBAN. A KEVEREK ALTALABAN BAZSALIKOM, EDESKÖMENYMAG, LEVENDULA, MAJORANNA, ROZMARING, ZSALYA, NYARI SOS ES KAKUKKFU KEVEREKET TARTALMAZZA. JOL IZESITI EZT A NAGYON AMERIKAI SÜLT KRUMPLIT.

- 1 db 3 kilós bölény hátszín sült
- 3 evőkanál Provence-i fűszernövény
- 4 evőkanál extra szűz olívaolaj
- 3 gerezd fokhagyma, felaprítva
- 4 kis paszternák, meghámozva és apróra vágva
- 2 érett körte kimagozva és apróra vágva
- ½ csésze cukrozatlan körtenektár
- 1-2 teáskanál friss kakukkfű

1. Melegítse elő a sütőt 375°F-ra. Vágjuk le a sütőolajat. Egy kis tálban keverjünk össze Herbes de Provence-t, 2 evőkanál olívaolajat és fokhagymát; Az egész sültre kenjük.

2. Helyezze a sültet egy rácsra egy sekély serpenyőbe. Helyezzen egy sütő hőmérőt a sült közepébe.* Fedő nélkül süsse 15 percig. Csökkentse a sütő hőmérsékletét 300 °F-ra. Süssük további 60-65 percig, vagy amíg a húshőmérő 140°F-ot nem mutat (közepesen ritka). Fedjük le fóliával és hagyjuk 15 percig.

3. Közben a maradék 2 evőkanál olívaolajat egy nagy serpenyőben, közepes lángon felhevítjük. Adjunk hozzá paszternákot és körtét; Időnként megkeverve főzzük 10 percig, vagy amíg a paszternák ropogós nem lesz. Adjunk hozzá körtenektárt; Körülbelül 5 percig főzzük, vagy amíg a szósz kissé besűrűsödik. Megszórjuk kakukkfűvel.

4. Szeletelje fel vékonyan a sültet a szemeken. A húst paszternákkal és körtével tálaljuk.

*Tipp: A bölény nagyon sovány, és gyorsabban fő, mint a marhahús. Ezenkívül a hús színe vörösebb, mint a marhahús, így nem támaszkodhat vizuális jelekre annak megállapításához, hogy elkészült. Szüksége lesz egy húshőmérőre, amely jelzi, ha a hús elkészült. A sütő hőmérője ideális, bár nem szükséglet.

COFFEE FRIED BISON SHORT RIBS MANDARIN GREMOLATÁVAL ÉS ZELLER GYÖKÉRPÜRÉVEL

KÉSZÍTMÉNY:15 perces főzés: 2 óra 45 perc: 6 adag

A BÖLÉNY RÖVID BORDÁI NAGYOK ÉS HÚSOSAK. JÓ HOSSZÚ FŐZÉSRE VAN SZÜKSÉGÜK FOLYADÉKBAN, HOGY MEGPUHULJANAK. A MANDARINHÉJJAL KÉSZÜLT GREMOLATA FELDOBJA ENNEK A KIADÓS ÉTELNEK AZ ÍZÉT.

SAVANYÚ UBORKA

- 2 pohár vizet
- 3 csésze erős kávé, lehűtve
- 2 csésze friss mandarinlé
- 2 evőkanál apróra vágott friss rozmaring
- 1 teáskanál durvára őrölt fekete bors
- 4 font bölény rövid bordák, a bordák között vágva, hogy elválasszon

SÜLT

- 2 evőkanál olívaolaj
- 1 teáskanál fekete bors
- 2 csésze apróra vágott hagyma
- ½ csésze apróra vágott medvehagyma
- 6 gerezd fokhagyma apróra vágva
- 1 jalapeno chili kimagozva és apróra vágva (lásd az ábrát). Nyom)
- 1 csésze erős kávé
- 1 csésze marhacsontleves (lásd az ábrát). Leírás) vagy sózatlan húsleves
- ¼ csésze paleo ketchup (lásd. Leírás)
- 2 evőkanál Dijon stílusú mustár (lásd Leírás)
- 3 evőkanál almaecet
- Zeller gyökérpüré (lásd. Leírás, lent)
- Mandarin Gremolata (vö. Leírás, Jobb)

1. Egy nagy, nem reakcióképes edényben (üveg vagy rozsdamentes acél) a páchoz keverje össze a vizet, a hűtött kávét, a mandarinlevet, a rozmaringot és a fekete borsot. Adjunk hozzá bordákat. Ha szükséges, tegyen egy tányért a bordákra, hogy elmerüljenek. Fedjük le és tegyük hűtőbe 4-6 órára, rendezzük át és keverjük össze egyszer.

2. Melegítse elő a sütőt 325°F-ra a sütéshez. Csöpögtessük le a bordákat a pác kidobásával. Szárítsa meg a bordákat papírtörlővel. Melegítsük fel az olívaolajat egy nagy holland sütőben, közepesen magas hőfokon. Fűszerezzük a bordákat fekete borssal. Barna bordákat tételenként, amíg minden oldala meg nem pirul, adagonként körülbelül 5 percig. Tedd át egy nagy tányérra.

3. Adja hozzá a hagymát, a medvehagymát, a fokhagymát és a jalapenót a serpenyőbe. Csökkentse a hőt közepesre, fedje le, és főzze, amíg a zöldségek megpuhulnak, körülbelül 10 percig, időnként megkeverve. Adjunk hozzá kávét és húslevest; összekeverjük, a sült darabokat lekaparjuk. Adjunk hozzá Paleo Ketchupot, Dijon stílusú mustárt és ecetet. Forraljuk fel. Adjunk hozzá bordákat. Lefedjük és áttesszük a sütőbe. Főzzük, amíg a hús megpuhul, körülbelül 2 óra 15 percig, óvatosan kevergetve és egyszer-kétszer átrendezve a bordákat.

4. Tegye át a bordákat egy tányérra; sátor fóliával, hogy meleg legyen. Kanál olajat a szósz felületéről. Forraljuk fel a szószt 2 csészével, körülbelül 5 percig. Osszuk el a zellergyökérpürét 6 tányérra; A tetejére bordával és mártással. Megszórjuk Mandarin Gremolatával.

Zeller gyökérpüré: Egy nagy serpenyőben keverjen össze 3 kiló zellergyökeret, meghámozva és 1 hüvelykes darabokra vágva, és 4 csésze csirkecsont-levest (lásd a forrásokat).Leírás) vagy sózatlan csirkehúsleves. Forraljuk fel; csökkentse a hőt. A zeller gyökerét lecsepegtetjük, a levét elválasztjuk. Tegye vissza a zeller gyökerét az edénybe. Adjunk hozzá 1 evőkanál olívaolajat és 2 teáskanál apróra vágott friss kakukkfüvet. A zeller gyökerét burgonyanyomóval pépesítjük, és annyi levest adunk hozzá, amennyi szükséges a kívánt állag eléréséhez, néhány evőkanállal egyszerre.

Mandarin Gremolata: Egy kis tálban keverj össze ½ csésze apróra vágott friss petrezselymet, 2 evőkanál finomra vágott mandarin héját és 2 gerezd darált fokhagymát.

MARHACSONTLEVES

KÉSZÍTMÉNY:Sütés 25 perc: 1 óra főzés: 8 óra: 8-10 csésze

A CSONTOS ÖKÖRFARKKÓRÓ RENDKÍVÜL GAZDAG ÍZŰ HÚSLEVEST KÉSZÍTBÁRMILYEN RECEPTBEN FELHASZNÁLHATÓ, AMELYHEZ HÚSLEVES SZÜKSÉGES – VAGY A NAP BÁRMELY SZAKÁBAN FELSZEDHETŐ BÖGRÉBE. BÁR EREDETILEG EGY ÖKÖRBŐL SZÁRMAZTAK, AZ ÖKÖRFARKKÓRÓ MA SZARVASMARHA ÁLLATTÓL SZÁRMAZIK.

5 sárgarépa, durvára vágva

5 szál zeller, durvára vágva

2 db sárgahagyma hámozatlanul, félbevágva

8 uncia fehér gomba

1 hagymás fokhagyma, hámozatlan, félbevágva

2 kiló ökörfarkkóró vagy marhacsont

2 paradicsom

12 pohár hideg víz

3 babérlevél

1. Melegítse elő a sütőt 400°F-ra. Helyezze a sárgarépát, a zellert, a hagymát, a gombát és a fokhagymát széles peremű tepsire vagy sekély tepsire; tedd a csontokat a zöldségek tetejére. A paradicsomot aprítógépben simára forgatjuk. A paradicsomot a csontokra kenjük, hogy bevonjuk (nem baj, ha a püré egy része a serpenyőbe és a zöldségekre csöpög). Süssük 1-1,5 órán keresztül, vagy amíg a csontok sötétbarnák nem lesznek, a zöldségek pedig karamellizálódnak. Tegye át a csontokat és a zöldségeket egy 10-12 literes holland sütőbe vagy tartályba. (Ha a serpenyő alján lévő paradicsomkeverék egy része karamellizálódik, öntsünk a serpenyőbe 1

csésze forró vizet, és ha van, akkor morzsoljuk össze. Öntsük a folyadékot a csontokra és a zöldségekre, és csökkentsük a víz mennyiségét 1 csészével.) víz. és babérlevél.

2. Forralja fel a keveréket lassan, közepesen magas vagy magas lángon. Csökkentse a hőt; Lefedve pároljuk 8-10 órán át, időnként megkeverve.

3. Szűrő víz; Dobja el a csontokat és a zöldségeket. hideg húsleves; töltse át a vizet tárolóedényekbe, és hűtse le legfeljebb 5 napig; Lefagyasztható akár 3 hónapig.*

Útmutató a lassú tűzéshez: 6-8 literes lassú tűzhelyhez használjon 1 font marhacsontot, 3 sárgarépát, 3 szár zellert, 1 sárgahagymát és 1 fokhagymát. 1 paradicsomot pépesítünk, és a csontokat bedörzsöljük vele. Az utasítás szerint megsütjük, majd a csontokat és a zöldségeket áttesszük a lassú tűzhelyre. A karamellizált paradicsomot az utasításoknak megfelelően kaparjuk fel, és adjuk hozzá a lassú tűzhelyhez. Adjunk hozzá annyi vizet, hogy ellepje. Fedjük le és főzzük magas hőfokon körülbelül 4 órán keresztül, amíg a húsleves fel nem forr. Csökkentse alacsony hőfokozatra; 12-24 óráig sütjük. átszivárgó víz; Dobja el a csontokat és a zöldségeket. Tárolja az utasításoknak megfelelően.

*Tipp: Tárolja a húslevest egy lezárt edényben a hűtőszekrényben egy éjszakán át, hogy könnyen zsírtalanítsa a levest. Az olaj felemelkedik a tetejére, és szilárd réteget képez, amelyet könnyen le lehet kaparni. Lehűlés után a húsleves besűrűsödhet.

TUNÉZIAI FŰSZERES SERTÉSLAPOCKA FŰSZERES ÉDESBURGONYA KRUMPLIVAL

KÉSZÍTMÉNY: 25 perc sütés: 4 óra főzés: 30 perc készítés: 4 adag

EZ EGY NAGYSZERŰ ÉTEL ELKÉSZÍTHETŐ EGY HŰVÖS ŐSZI NAPON. A HÚSOKAT ÓRÁKIG SÜTIK A SÜTŐBEN, ÍGY REMEK ILLATÚ LESZ A HÁZA, ÉS IDEJE MARAD MÁS DOLGOKRA IS. A SÜLT ÉDESBURGONYA KRUMPLI NEM LESZ ROPOGÓS, MINT A FEHÉR BURGONYA, DE A MAGA MÓDJÁN FINOM, KÜLÖNÖSEN FOKHAGYMÁS MAJONÉZBE MÁRTVA.

SERTÉSHÚS

- 1 2½ - 3 kilós csontos sertés lapocka
- 2 teáskanál ancho chile paprika
- 2 teáskanál őrölt kömény
- 1 teáskanál köménymag, enyhén összetörve
- 1 teáskanál őrölt koriander
- ½ teáskanál őrölt kurkuma
- ¼ teáskanál őrölt fahéj
- 3 evőkanál olívaolaj

SÜTÉS

- 4 közepes édesburgonya (körülbelül 2 font), meghámozva és ½ hüvelyk vastag szeletekre vágva
- ½ teáskanál őrölt pirospaprika
- ½ teáskanál hagymapor
- ½ teáskanál fokhagymapor
- olivaolaj
- 1 vöröshagyma, vékonyra szeletelve
- Paleo Aioli (Fokhagyma Mayo) (lásd.Leírás)

1. Melegítse elő a sütőt 300°F-ra. Vágjuk le a zsírt a húsról. Egy kis tálban keverje össze az őrölt ancho chile paprikát, az őrölt köményt, a köménymagot, a koriandert, a kurkumát és a fahéjat. Megszórjuk a húst fűszerkeverékkel; Ujjaival egyenletesen dörzsölje be a húsba.

2. Egy sütőálló, 5-6 literes holland sütőben melegíts fel 1 evőkanál olívaolajat közepesen magas lángon. A sertéshúst minden oldalról megpirítjuk forró olajban. Fedjük le és süssük körülbelül 4 órán keresztül, vagy amíg nagyon puha nem lesz, és a húshőmérő 190 °F-ot nem mutat. Vegye ki a holland sütőt a sütőből. Tartson 1 evőkanál olajat a holland sütőben, amíg elkészíti az édesburgonya krumplit és a hagymát.

3. Növelje a sütő hőmérsékletét 400°F-ra. Az édesburgonya krumplihoz egy nagy tálban keverje össze az édesburgonyát, a maradék 2 evőkanál olívaolajat, a chili pehelyt, a hagymaport és a fokhagymaport; dobja le a kabátot. Fedjünk le egy nagy vagy két kisebb tepsit alufóliával; Kenjük meg további olívaolajjal. Helyezze az édesburgonyát egy rétegben az előkészített tepsi(k)re. Süssük körülbelül 30 percig, vagy amíg megpuhul, a főzés felénél megforgatjuk az édesburgonyát.

4. Közben vegye ki a húst a holland sütőből; Fóliával letakarjuk, hogy meleg legyen. A lecsepegéseket 1 evőkanál olaj fenntartásával csepegtesse le. Tegye vissza a leválasztott olajat a holland sütőbe. adjunk hozzá hagymát; Főzzük közepes lángon körülbelül 5 percig, vagy amíg megpuhul, időnként megkeverve.

5. Tegye át a sertéshúst és a hagymát a tálaló tányérra. A sertéshúst két villa segítségével nagy kockákra vágjuk. Sertéshúst és chipseket Paleo Aïolival tálaljuk.

KUBAI GRILLEZETT SERTÉS LAPOCKA

KÉSZÍTMÉNY:15 perc pácolás: 24 óra grillezés: 2 óra 30 perc áztatás: 10 perc készítés: 6-8 adag

SZÁRMAZÁSI ORSZÁGÁBAN „LECHON ASADO" NÉVEN ISMERT,EZT A SERTÉSSÜLTET FRISS CITRUSLEVEK, FŰSZEREK, ZÚZOTT PAPRIKA ÉS EGY EGÉSZ VÖRÖSHAGYMA DARÁLT FOKHAGYMA KEVERÉKÉBEN PÁCOLJÁK. HA FORRÓ PARÁZSON FŐZZÜK, MIUTÁN A SAVANYÚSÁGOT EGY ÉJSZAKÁN ÁT ÁZTATJUK, NAGYSZERŰ ÍZT KÖLCSÖNÖZ NEKI.

1 gumó fokhagyma, gerezdek szétválasztva, meghámozva és felaprítva

1 csésze durvára vágott hagyma

1 csésze olívaolaj

1⅓ csésze friss citromlé

⅔ csésze friss narancslé

1 evőkanál őrölt kömény

1 evőkanál szárított kakukkfű, összetörve

2 teáskanál frissen őrölt fekete bors

1 teáskanál őrölt pirospaprika

1 4-5 kiló csont nélküli sertés lapocka

1. Páchoz a fokhagyma fejét gerezdekre vágjuk. Hámozzuk meg és reszeljük fel a szegfűszeget; Tedd egy nagy tálba. Hozzáadjuk a hagymát, az olívaolajat, a citromlevet, a narancslevet, a köményt, a kakukkfüvet, a fekete borsot és a chili pehelyt. Jól összekeverjük és félretesszük.

2. Egy csontkéssel mélyen szúrja át a sertéssültet. Óvatosan engedje le a sült pácba, és merítse annyi folyadékba, amennyire csak lehetséges. Fedje le szorosan a tálat műanyag fóliával. 24 órán át pácoljuk a hűtőben, egyszer megforgatjuk.

3. Vegye ki a sertéshúst a pácból. A pácot egy közepes méretű serpenyőbe öntjük. Forraljuk fel; 5 percig forraljuk. Levesszük a tűzről és hagyjuk kihűlni. Tedd félre.

4. A faszén grillezéshez mérsékelten forró parazsat tegyen egy csepegtetőedény köré. Tesztelje a közepes lángot a serpenyőn. Helyezze a húst a grillrácsra a csepegtetőtál fölé. Fedjük le és grillezzük 2½-3 órán keresztül, vagy amíg egy azonnali leolvasású hőmérőt behelyezünk a 140°F-os sült regiszterek közepébe. (Gázgrillnél melegítse elő a grillt. Csökkentse a hőt közepesre. Állítsa be a közvetett sütéshez. Helyezze a húst grillrácsra zárt égőre. Fedje le és grillezzen az utasítás szerint.) Vegye ki a húst a grillről. Lazán takarja le alufóliával, és hagyja állni 10 percig, mielőtt faragná vagy kihúzná.

OLASZ FŰSZERES NÖVÉNYI SERTÉSSÜLT

KÉSZÍTMÉNY: Pörkölt 20 perc: 2 óra 25 perc készenlét: 10 perc készítés: 8 adag

A „FRISS A LEGJOBB" EGY JÓ MANTRAGYAKRAN KÖVETENDŐ, HA FŐZÉSRŐL VAN SZÓ. A SZÁRÍTOTT FŰSZERNÖVÉNYEK AZONBAN NAGYON JÓL HASZNÁLHATÓK A HÚSOK DÖRZSÖLÉSÉBEN. A FŰSZERNÖVÉNYEK SZÁRÍTÁSAKOR AZ ÍZÜK KONCENTRÁLÓDIK. A HÚS NEDVESSÉGÉVEL ÉRINTKEZVE SAJÁT ÍZÜKET ADJÁK KI A HÚSBA, MINT EBBEN A PETREZSELYEMMEL, ÉDESKÖMÉNNYEL, KAKUKKFŰVEL, FOKHAGYMÁVAL ÉS CHILIPEHELLYEL ÍZESÍTETT OLASZ STÍLUSÚ SÜLTBEN.

- 2 evőkanál szárított petrezselyem, zúzott
- 2 evőkanál édesköménymag, összetörve
- 4 teáskanál szárított kakukkfű, összetörve
- 1 teáskanál frissen őrölt fekete bors
- ½ teáskanál őrölt pirospaprika
- 4 gerezd fokhagyma, felaprítva
- 1 db 4 kilós csontos sertés lapocka
- 1-2 evőkanál olívaolaj
- 1¼ csésze víz
- 2 közepes hagyma, meghámozva és karikákra vágva
- 1 nagy édesköményhagyma, metszve, kimagozva és szeletekre vágva
- 2 kiló kelbimbó

1. Melegítse elő a sütőt 325°F-ra. Egy kis tálban keverjük össze a petrezselymet, az édesköménymagot, a kakukkfüvet, a fekete borsot, a törött pirospaprikát és a fokhagymát; tedd félre. A sertéssültet felolvasztjuk, ha szükséges. Vágjuk le a zsírt a húsról. A húst minden oldalát bedörzsöljük a

fűszerkeverékkel. Ha kívánja, nyomja meg újra, hogy a sült egyben maradjon.

2. Melegítse fel az olajat egy holland sütőben közepesen magas hőfokon. Forró olajban kisütjük a hús minden oldalát. Engedje le az olajat. Öntse a vizet a holland sütőbe a sült körül. Fedő nélkül süssük másfél órát. A sertéssült köré rendezzük a hagymát és az édesköményt. Lefedjük és további 30 percig pirítjuk.

3. Közben vágja le a kelbimbó szárát, és távolítsa el a fonnyadt külső leveleket. A kelbimbót félbevágjuk. Tegye a kelbimbót a holland sütőbe úgy, hogy a többi zöldség tetejére helyezi. Fedjük le és pároljuk további 30-35 percig, vagy amíg a zöldségek és a hús megpuhulnak. Tegye a húst egy tálra, és fedje le alufóliával. Szeletelés előtt 15 percig állni hagyjuk. A zöldségeket meglocsoljuk a serpenyőben lévő levével, hogy bevonjuk. Egy hasított kanál segítségével tegyük át a zöldségeket egy tálba vagy tálba; Fedjük le, hogy melegen tartsuk.

4. Egy nagy kanál segítségével zsírtalanítsa az edény vizét. A maradék edénylevet szitán öntsük át. A sertéshúst felszeleteljük, a csontot eltávolítjuk. A húst zöldségekkel és serpenyős levével tálaljuk.

SLOW COOKER SERTÉSVAKOND

KÉSZÍTMÉNY:20 perc lassú főzés: 8-10 óra (alacsony) vagy 4-5 óra (magas): 8 adag

KÖMÉNNYEL, KORIANDERREL, KAKUKKFŰVEL, PARADICSOMMAL, MANDULÁVAL, MAZSOLÁVAL, CHILIVEL ÉS CSOKOLÁDÉVAL,EZ A GAZDAG ÉS FŰSZERES SZÓSZ NAGYON JÓL MEGY. IDEÁLIS ÉTKEZÉS REGGEL INDULÁSHOZ, MIELŐTT ELINDULNA A NAPRA. AMIKOR HAZAÉRSZ, A VACSORÁNAK MÁR MAJDNEM VÉGE, ÉS A HÁZADBAN CSODÁLATOS ILLAT VAN.

1 db 3 kilós csont nélküli sertés lapocka

1 csésze durvára vágott hagyma

3 gerezd fokhagyma, szeletelve

1½ csésze marhacsontleves (lásd az ábrát).Leírás), Csirkecsontleves (lásd.Leírás) vagy sózatlan hús- vagy csirkealaplé

1 evőkanál őrölt kömény

1 evőkanál őrölt koriander

2 teáskanál szárított kakukkfű, összetörve

1 db 15 uncia konzerv kockára vágott lecsepegtetett, sómentes paradicsom

1 6 uncia sótlan paradicsompüré

½ csésze reszelt mandula, pirítva (lásdNyom)

¼ csésze kénmentes arany mazsola vagy ribizli

2 uncia cukrozatlan csokoládé (például Scharffen Berger 99%-os kakaószelet), durvára vágva

1 szárított egész ancho vagy chipotle chili paprika

2 db 4 hüvelykes fahéjrúd

¼ csésze apróra vágott friss koriander

1 avokádó, meghámozva, kimagozva és vékonyra szeletelve

1 lime, szeletekre vágva

⅓ csésze pörkölt sózatlan zöld tökmag (opcionális)Nyom)

1. Vágja le a zsírt a sertéssültről. Ha szükséges, vágja fel a húst, hogy beleférjen egy 5-6 literes lassú tűzhelybe; tedd félre.

2. Keverje össze a hagymát és a fokhagymát lassú tűzhelyen. Egy 2 csésze pohárban keverje össze a marhacsontlevest, a köményt, a koriandert és a kakukkfüvet; öntsük az edénybe. Adjuk hozzá az apróra vágott paradicsomot, a paradicsompürét, a mandulát, a mazsolát, a csokoládét, a szárított chilipaprikát és a fahéjrudakat, és keverjük össze. Tedd a húst az edénybe. Csorgassunk rá a paradicsomos keverékből. Fedjük le, és főzzük 8-10 órán át alacsony hőfokon vagy 4-5 órán át magas hőmérsékleten, vagy amíg a sertés megpuhul.

3. Tegye át a sertéshúst egy vágódeszkára; kissé lehűtjük. A húst két villa segítségével darabokra vágjuk. Fedjük le a húst alufóliával és tegyük félre.

4. Távolítsa el és dobja ki a szárított chilipaprikát és a fahéjrudakat. Egy nagy kanál segítségével zsírtalanítsuk a paradicsomos keveréket. Tegye át a paradicsomkeveréket turmixgépbe vagy konyhai robotgépbe. Fedjük le, és turmixoljuk vagy dolgozzuk fel majdnem simára. Tegye vissza a sertéshúst és a szószt a lassú tűzhelybe. A tálalásig tartsa melegen alacsony hőfokon legfeljebb 2 órán keresztül.

5. Közvetlenül tálalás előtt keverje hozzá koriandert. Tálaljuk a vakondot tálakba, és ízlés szerint díszítsük avokádószeletekkel, citromkarikákkal és tökmaggal.

KÖMÉNYES-FŰSZERES SERTÉS-CUKKINIS RAKOTT

KÉSZÍTMÉNY:30 perces főzés: 1 óra: 4 adag

PAPRIKA MUSTÁR ZÖLD ÉS SÜTŐTÖKA KELET-EURÓPAI ÍZEKKEL ÍZESÍTETT PÖRKÖLTHÖZ ADJUNK ROSTOT ÉS FOLSAVAT, VALAMINT ÉLÉNK SZÍNEKET ÉS RENGETEG VITAMINT.

1 1¼ - 1½ font sertéssült

1 evőkanál pirospaprika

1 evőkanál köménymag, finomra őrölve

2 teáskanál száraz mustár

¼ teáskanál cayenne bors

2 evőkanál finomított kókuszolaj

8 uncia friss gomba, vékonyra szeletelve

2 szár zeller, átlósan 1 hüvelykes szeletekre vágva

1 kis vöröshagyma, vékony szeletekre vágva

6 gerezd fokhagyma, felaprítva

5 csésze csirke csontleves (lásdLeírás) vagy sózatlan csirkehúsleves

2 csésze kockára vágott, hámozott sütőtök

3 csésze durvára vágott, vágott mustárzöld vagy gallérzöld

2 evőkanál apróra vágott friss zsálya

¼ csésze friss citromlé

1. Vágjuk fel a sertészsírt. Vágja a sertéshúst 1,5 hüvelykes kockákra; Tedd egy nagy tálba. Egy kis tálban keverjük össze a paprikát, a köménymagot, a száraz mustárt és a cayenne borsot. Megszórjuk a sertéshússal, megforgatjuk, hogy egyenletesen bevonódjon.

2. Melegítsük fel a kókuszolajat 4-5 literes holland sütőben közepes lángon. Adjuk hozzá a hús felét; Időnként megkeverve pirulásig főzzük. Vegye ki a húst a

serpenyőből. Ismételje meg a maradék hússal. Tegye félre a húst.

3. Tegye a gombát, a zellert, a lilahagymát és a fokhagymát a holland sütőbe. 5 percig főzzük, időnként megkeverve. Tegye vissza a húst a holland sütőbe. Óvatosan adjuk hozzá a csirkehúslevest. Forraljuk fel; csökkentse a hőt. Fedjük le és főzzük 45 percig. Keverjük össze a cukkinit. Fedjük le, és főzzük további 10-15 percig, vagy amíg a sertéshús és a cukkini megpuhul. Belekeverjük a mustárzöldet és a zsályát. Főzzük 2-3 percig, vagy amíg a zöldek megpuhulnak. Keverje hozzá a citromlevet.

GYÜMÖLCCSEL TÖLTÖTT FELSŐ KARAJ PÁLINKÁS MÁRTÁSSAL

KÉSZÍTMÉNY:30 perc főzés: 10 perc sütés: 1 óra 15 perc készenlét: 15 perc: 8-10 adag

EZ AZ ELEGÁNS SÜLTKÜLÖNLEGES ALKALOMRA VAGY CSALÁDI ÖSSZEJÖVETELRE – KÜLÖNÖSEN ŐSSZEL. AZ OLYAN ÍZEK, MINT AZ ALMA, A KÓKUSZ, AZ ASZALT GYÜMÖLCS ÉS A DIÓ, MEGRAGADJÁK ANNAK AZ ÉVSZAKNAK A LÉNYEGÉT. ÉDESBURGONYAPÜRÉVEL ÉS EGY SZELET ÁFONYÁVAL ÉS SÜLT CÉKLÁVAL TÁLALJUK (LÁSD.LEÍRÁS).

SÜTJÜK A SÜTŐBEN

1 evőkanál olívaolaj

2 csésze kockára vágott, hámozott Granny Smith alma (kb. 2 közepes)

1 medvehagyma, finomra vágva

1 evőkanál apróra vágott friss kakukkfű

¾ teáskanál frissen őrölt fekete bors

⅛ teáskanál őrölt szerecsendió

½ csésze apróra vágott kénmentes szárított sárgabarack

¼ csésze apróra vágott dió, pirított (lásdNyom)

1 csésze csirke csontleves (lásdLeírás) vagy sózatlan csirkehúsleves

1 db 3 kilós kicsontozott sertéskaraj pecsenye (egy filé)

PÁLINKASZÓSZ

2 evőkanál almabor

2 evőkanál brandy

1 teáskanál Dijon stílusú mustár (lásdLeírás)

Frissen őrölt fekete bors

1. A töltelékhez egy nagy serpenyőben közepes lángon hevítsük fel az olívaolajat. Adjunk hozzá almát, medvehagymát, kakukkfüvet, ¼ teáskanál borsot és

szerecsendiót; Főzzük időnként megkeverve 2-4 percig, vagy amíg az alma és a mogyoróhagyma megpuhul és világos aranybarna nem lesz. Keverjük össze a sárgabarackot, a diót és az 1 evőkanál húslevest. Zárt fedéllel 1 percig főzzük, hogy a sárgabarack megpuhuljon. Levesszük a tűzről és félretesszük.

2. Melegítse elő a sütőt 325°F-ra. Pillangózza meg a sertéssültet úgy, hogy hosszában átvágja a sült közepét, és a másik oldalától ½ hüvelyknyire bevágja. Kapcsolja be a sültet. Helyezze be a pengét a V vágásba vízszintesen a V egyik oldala felé, és vágja le a szélétől számított ½ hüvelyk távolságon belül. Ismételje meg a V betű másik oldalán. Fedjük le a sülteket, és fedjük le műanyag fóliával. A közepétől a szélek felé haladva verje meg a sültet egy húskalapáccsal körülbelül ¾ hüvelyk vastagságig. Távolítsa el és dobja ki a műanyag fóliát. A tölteléket a sült tetejére kenjük. A rövidebb szélétől kezdve spirálba tekerjük a sültet. Kösd össze több helyen a sültet 100% pamut konyhai zsinórral. Szórjuk meg a sültet a maradék ½ teáskanál borssal.

3. Helyezze a sültet egy rácsra egy sekély serpenyőbe. Helyezzen egy sütő hőmérőt a sült közepébe (ne a töltelék belsejébe). Fedő nélkül sütjük 1 óra 15 percig 1 óra 30 percig, vagy amíg a hőmérő 145°F-ot nem mutat. Távolítsa el a sülteket, és lazán fedje le fóliával; Szeletelés előtt 15 percig állni hagyjuk.

4. Ezalatt a pálinkaszószhoz a serpenyőben cseppenként keverjük össze a maradék levet és az almalevet, és habverővel kaparjuk le az esetleges barnulást. A csepegést

egy közepes lábosba szűrjük. Forraljuk fel; pároljuk körülbelül 4 percig, vagy amíg a szósz egyharmadára csökken. Keverjük össze pálinkával és Dijon stílusú mustárral. Ízlés szerint további borssal ízesítjük. A mártást a sertéssült mellé tálaljuk.

PORCHETTA STÍLUSÚ SERTÉSSÜLT

KÉSZÍTMÉNY:Pácolás 15 percig: éjszakai készenlét: 40 perc sütés: 1 óra: 6 adag

HAGYOMÁNYOS OLASZ PORCHETTA(AMERIKAI ANGOLUL NÉHA SPELLED PORK) EGY KICSONTOZOTT SZOPÓS MALAC, AMELYET FOKHAGYMÁVAL, ÉDESKÖMÉNNYEL, BORSSAL ÉS GYÓGYNÖVÉNYEKKEL, PÉLDÁUL ZSÁLYÁVAL VAGY ROZMARINGGAL TÖLTENEK, MAJD NYÁRSRA HELYEZVE FÁN MEGSÜTIK. GYAKRAN NAGYON SÓS IS. EZ A PALEO VÁLTOZAT LEEGYSZERŰSÍTETT ÉS FINOM. CSERÉLJE KI A FRISS ROZMARINGOT A ZSÁLYÁVAL, HA ÚGY TETSZIK, VAGY HASZNÁLJA A KÉT FŰSZERNÖVÉNY KEVERÉKÉT.

1 2-3 kilós csont nélküli sertéskaraj sült

2 evőkanál édesköménymag

1 teáskanál fekete bors

½ teáskanál őrölt pirospaprika

6 gerezd fokhagyma, felaprítva

1 evőkanál finomra vágott narancshéj

1 evőkanál apróra vágott friss zsálya

3 evőkanál olívaolaj

½ csésze száraz fehérbor

½ csésze csirke csontleves (lásdLeírás) vagy sózatlan csirkehúsleves

1. Vegye ki a sertéssültet a hűtőszekrényből; Hagyja állni szobahőmérsékleten 30 percig. Közben; menő. Tegye át fűszerdarálóba vagy tiszta kávédarálóba. Adjunk hozzá fekete borsot és törött pirospaprikát. Közepesen finom állagúra őröljük. (Ne porítsd.)

2. Melegítse elő a sütőt 325°F-ra. Egy kis tálban keverje össze az őrölt fűszereket, a fokhagymát, a narancshéjat, a zsályát és az olívaolajat, hogy pasztát készítsen. Helyezze a

sertéssültet egy rácsra egy kis serpenyőbe. Dörzsölje be a keveréket az egész sertéshúsba. (Ha kívánja, tegye a fűszerezett sertéshúst egy 9×13×2 hüvelykes üveg tepsibe. Fedjük le műanyag fóliával, és tegyük egy éjszakára a hűtőbe pácolásra. Főzés előtt tegyük át a húst egy serpenyőbe, és hagyjuk szobahőmérsékleten 30 percig állni. perccel a főzés előtt.)

Süsse a sertéshúst 1-1,5 órán keresztül, vagy amíg az azonnali leolvasású hőmérőt behelyezik a 145°F-os sült regiszter közepébe. A sülteket vágódeszkára tesszük, és lazán letakarjuk alufóliával. Szeletelés előtt 10-15 percig állni hagyjuk.

4. Közben a serpenyőben lévő levet öntsük egy üveg mérőedénybe. Lefölözött olaj a tetejéről; tedd félre. Helyezze a serpenyőt a tűzhely égőjére. Öntsük a bort és a csirkehúslevest a serpenyőbe. Közepes-magas lángon forraljuk fel, kevergetve, hogy lekaparjuk a megbarnult darabokat. Pároljuk körülbelül 4 percig, vagy amíg a keverék kissé meg nem puhul. Felverjük a fenntartott serpenyőben lévő levekben; Feszültség. A sertéshúst felszeleteljük, és a szósszal tálaljuk.

PARADICSOMBAN SÜLT SERTÉSKARAJ

KÉSZÍTMÉNY:Sütés 40 percig: Sütés 10 percig: Sütés 20 percig: Állás 40 percig: 10 perc: 6-8 adag

A PARADICSOMNAK RAGACSOS, MAGOS BEVONATA VANA PAPÍRBŐRÖK ALATT. A BŐR ELTÁVOLÍTÁSA UTÁN GYORSAN ÖBLÍTSE LE FOLYÓ VÍZ ALATT, ÉS KÉSZEN ÁLL A HASZNÁLATRA.

1 kiló tomatillo, meghámozva, kiszárítva és leöblítve
4 serrano chili szárral, magházzal és félbevágva (lásd az ábrát).Nyom)
2 jalapeño szárral, magházzal és felezve (lásd az ábrát).Nyom)
1 nagy sárga édes paprika, szár, mag nélküli és félbevágva
1 nagy narancssárga édes paprika szárral, mag nélkül és félbe vágva
2 evőkanál olívaolaj
1 2-2,5 kilós csont nélküli sertéskaraj sült
1 nagy sárga hagyma, meghámozva, félbevágva és vékonyra szeletelve
4 gerezd fokhagyma, felaprítva
¾ csésze víz
¼ csésze friss citromlé
¼ csésze apróra vágott friss koriander

1. Melegítse fel magasra a brojlert. Egy tepsit kibélelünk alufóliával. Helyezze el a tomatillot, serrano chilit, jalapenót és édes paprikát az előkészített tepsire. 10-15 perc alatt süsd meg a zöldségeket 4 hüvelyk lángon, amíg jól megpirulnak, időnként megforgatva a tomatillókat, és kiszedve a zöldségeket, amint elszenesednek. Tedd egy tálba a serranót, a jalapenót és a tomatillót. Az édes paprikát tányérra tesszük. A zöldségeket félretesszük hűlni.

2. Hevítsünk olajat egy nagy serpenyőben közepesen magas lángon, amíg csillogó nem lesz. Szárítsa meg a sertéssültet tiszta papírtörlővel, és tegye a serpenyőbe. Minden

oldalról szép barnára sütjük, egyenletesen barnulva a sülteket. Tegye át a sülteket egy tányérra. Csökkentse a hőt közepesre. Adjunk hozzá hagymát a serpenyőbe; Főzzük és keverjük 5-6 percig, vagy amíg aranybarna nem lesz. Adjunk hozzá fokhagymát; Főzzük még 1 percig. Vegyük le a serpenyőt a tűzről.

3. Melegítse elő a sütőt 350°F-ra. A paradicsomszószhoz konyhai robotgépben vagy turmixgépben keverje össze a tomatillot, serranót és jalapenót. Fedjük le és turmixoljuk vagy dolgozzuk simára; Adjuk hozzá a serpenyőben lévő hagymához. Tegye vissza a serpenyőt a tűzre. Forraljuk fel; Főzzük 4-5 percig, vagy amíg a keverék sűrű és sűrű nem lesz. Keverjük össze a vizet, a citromlevet és a koriandert.

4. Kenje meg a paradicsomszószt egy sekély serpenyőben vagy egy 3 literes téglalap alakú tepsiben. Tegye a sült sertéshúst a szószba. Fóliával szorosan lezárjuk. Süssük 40-45 percig, vagy amíg a sült közepébe helyezett azonnali leolvasású hőmérő 140°F-ot nem mutat.

5. Vágja csíkokra az édes paprikát. Keverjük össze a paradicsomszószt egy serpenyőben. Sátor lazán fóliával; Várjon 10 percet. Szeleteld fel; keverjük össze a szószt. Tálaljuk a szeletelt sertéshúst paradicsomszósszal bőségesen felöntve.

SÁRGABARACK TÖLTÖTT SERTÉS HÁTSZÍN

KÉSZÍTMÉNY:Sütés 20 perc: Álló 45 perc: 5 perc: 2-3 adag

2 közepes friss sárgabarack durvára vágva
2 evőkanál kénmentes mazsola
2 evőkanál apróra vágott dió
2 teáskanál reszelt friss gyömbér
¼ teáskanál őrölt kardamom
1 12 uncia sertés szűzpecsenye
1 evőkanál olívaolaj
1 evőkanál Dijon stílusú mustár (lásd Leírás)
¼ teáskanál fekete bors

1. Melegítse elő a sütőt 375°F-ra. Béleljünk ki egy tepsit alufóliával; helyezzünk egy sütőrácsot a tepsire.

2. Egy kis tálban keverjük össze a sárgabarackot, a mazsolát, a diót, a gyömbért és a kardamomot.

3. Hosszirányban vágja át a sertéshús közepét, és vágjon le körülbelül ½ hüvelyket a másik oldalról. Pillangó nyitva. Helyezze a sertéshúst két műanyag fólia közé. A húskalapács lapos oldalát használva enyhén verje fel a húst körülbelül másfél hüvelyk vastagságig. Hajtsa be a farok végét, hogy lapos téglalapot készítsen. Enyhén felverjük a húst, hogy egyenletesen sűrű legyen.

4. A barackos keveréket rákenjük a sertéshúsra. A sertéshúst a keskeny végétől kezdve kinyújtjuk. Először kösd meg középen, majd 1 hüvelyk távolságra egymástól 100% pamut konyhai zsinórral. Helyezze a sültet a rácsra.

5. Keverje össze az olívaolajat és a dijoni mustárt; Kenjük át a sültet. A sülteket megszórjuk borssal. Süssük 45-55 percig, vagy amíg egy 140°F-os azonnali leolvasású hőmérőt helyezünk a pörkölési regiszterek közepébe. Szeletelés előtt 5-10 percig állni hagyjuk.

ROPOGÓS FOKHAGYMÁS ZSÍRFÜVES SERTÉS HÁTSZÍN

KÉSZÍTMÉNY:15 percig sütjük: 30 percig sütjük: 8 percig hagyjuk állni: 5 percig készítjük: 6 adag

⅓ csésze Dijon stílusú mustár (lásd.Leírás)
¼ csésze apróra vágott friss petrezselyem
2 evőkanál apróra vágott friss kakukkfű
1 evőkanál apróra vágott friss rozmaring
½ teáskanál fekete bors
2 db 12 uncia sertés szűzpecsenye
½ csésze olívaolaj
¼ csésze darált friss fokhagyma
¼-1 teáskanál zúzott paprika

1. Melegítse elő a sütőt 450°F-ra. Béleljünk ki egy tepsit alufóliával; helyezzünk egy sütőrácsot a tepsire.

2. Egy kis tálban keverje össze a mustárt, a petrezselymet, a kakukkfüvet, a rozmaringot és a fekete borsot, hogy pépes legyen. A mustáros-fűszeres keveréket a sertéshús tetejére és oldalára kenjük. Tegye át a sertéshúst a sütőrácsra. Tegye a sült sütőbe; csökkentse a hőmérsékletet 375°F-ra. Süssük 30-35 percig, vagy amíg egy 140°F-os azonnali leolvasású hőmérőt helyeznek a pörkölési regiszterek közepébe. Szeletelés előtt 5-10 percig állni hagyjuk.

3. Eközben a fokhagymás olajhoz keverje össze az olívaolajat és a fokhagymát egy kis serpenyőben. Közepes-alacsony lángon főzzük 8-10 percig, vagy amíg a fokhagyma aranybarna és ropogóssá válik (ne hagyja, hogy a fokhagyma megégjen). Távolítsa el a tűzről; őrölt

pirospaprikával keverjük össze. Szeleteljük a sertéshúst; Tálalás előtt fokhagymás olajjal megkenjük a szeleteket.

INDIAI FŰSZERES SERTÉSHÚS KÓKUSZOS SERPENYŐS SZÓSSZAL

ELEJÉTŐL A VÉGÉIG: 20 perc: 2 adag

3 teáskanál curry por
2 teáskanál sózatlan garam masala
1 teáskanál őrölt kömény
1 teáskanál őrölt koriander
1 12 uncia sertés szűzpecsenye
1 evőkanál olívaolaj
½ csésze természetes kókusztej (mint a Nature's Way márka)
¼ csésze apróra vágott friss koriander
2 evőkanál apróra vágott friss menta

1. Egy kis tálban keverj össze 2 teáskanál curryport, garam masala-t, köményt és koriandert. Szeletelje fel a sertéshúst ½ hüvelyk vastag szeletekre; megszórjuk fűszerekkel. .

2. Melegítse fel az olívaolajat egy nagy serpenyőben közepes lángon. Adja hozzá a sertésszeleteket a serpenyőbe; 7 percig főzzük, egyszer megforgatjuk. távolítsa el a sertéshúst a serpenyőből; Fedjük le, hogy melegen tartsuk. A szószhoz adjuk hozzá a kókusztejet és a maradék 1 teáskanál curryport a serpenyőbe, keverjük, hogy kikaparjuk az esetleges darabokat. 2-3 percig forraljuk. Keverjük össze korianderrel és mentával. adjunk hozzá sertéshúst; A szószt rákanalazzuk a sertéshúsra, és addig főzzük, amíg fel nem melegszik.

SERTES SCALOPPINI FUSZERES ALMAVAL ES GESZTENYEVEL

KESZITMENY:20 perces főzés: 15 perc: 4 adag

2 db 12 uncia sertés szűzpecsenye
1 evőkanál hagymapor
1 evőkanál fokhagyma por
½ teáskanál fekete bors
2-4 evőkanál olívaolaj
2 Fuji vagy Pink Lady alma, meghámozva, kimagozva és durvára vágva
¼ csésze finomra vágott medvehagyma
¾ teáskanál őrölt fahéj
⅛ teáskanál őrölt szegfűszeg
⅛ teáskanál őrölt szerecsendió
½ csésze csirke csontleves (lásd Leírás) vagy sózatlan csirkehúsleves
2 evőkanál friss citromlé
½ csésze hámozott pörkölt gesztenye, apróra vágott* vagy darált dió
1 evőkanál apróra vágott friss zsálya

1. A bélszínt fél hüvelyk vastag szeletekre vágjuk. Helyezze a sertésszeleteket két műanyag fólia közé. Verjük fel vékonyra egy húskalapács lapos oldalával. A szeleteket megszórjuk hagymaporral, fokhagymaporral és fekete borssal.

2. Melegíts fel 2 evőkanál olívaolajat egy nagy serpenyőben közepes lángon. Főzzük a sertéshúst adagonként 3-4 percig, egyszer megforgatva, és ha szükséges, hozzáadva olajat. Tegye át a sertéshúst egy tányérra; Fedjük le és tartsuk melegen.

3. Növelje a hőt közepesen magasra. Adjunk hozzá almát, medvehagymát, fahéjat, szegfűszeget és szerecsendiót. 3

percig főzzük és összekeverjük. Keverjük össze a csirkehúslevest és a citromlevet. Fedjük le és főzzük 5 percig. Távolítsa el a tűzről; Keverjük össze a gesztenyét és a zsályát. Tálaljuk az almás keveréket a sertéshúsra.

*Megjegyzés: A gesztenye sütéséhez melegítse elő a sütőt 400°F-ra. Vágjon X-et a gesztenyehéj egyik oldalára. Ez lehetővé teszi, hogy a héj meglazuljon sütés közben. Helyezze a gesztenyét egy tepsire, és süsse 30 percig, vagy amíg a héj elválik a mogyorótól, és a mogyoró megpuhul. A sült gesztenyét egy tiszta konyharuhába csomagoljuk. Hámozzuk le a sárga-fehér dió héját és héját.

SERTÉS FAJITA STIR-FRY

KÉSZÍTMÉNY:20 perces főzés: 22 perc: 4 adag

1 kiló sertés szűzpecsenye 2 hüvelykes csíkokra vágva
3 evőkanál sótlan fajita fűszerezés vagy mexikói fűszerezés (lásd Leírás)
2 evőkanál olívaolaj
1 kis hagyma, vékonyra szeletelve
½ piros édes paprika, kimagozva és vékonyra szeletelve
½ narancssárga édes paprika, a magokat eltávolítjuk és vékonyra szeleteljük
1 jalapeno szárral és vékonyra szeletelve (lásd az ábrát).Nyom) (választható)
½ teáskanál köménymag
1 csésze vékonyra szeletelt friss gomba
3 evőkanál friss citromlé
½ csésze apróra vágott friss koriander
1 avokádó kimagozva, meghámozva és apróra vágva
Kívánt salsa (lásd receptek)

1. A sertéshúst megszórjuk 2 evőkanál fajita fűszerezéssel. Melegítsünk fel 1 evőkanál olajat egy extra nagy serpenyőben közepesen magas lángon. Adjuk hozzá a sertéshús felét; Főzzük és keverjük körülbelül 5 percig, vagy amíg már nem rózsaszínű. Tegye át a húst egy tálba, és fedje le, hogy melegen tartsa. Ismételje meg a maradék zsírral és sertéshússal.

2. Kapcsolja közepesre a hőt. Adjunk hozzá maradék 1 evőkanál fajita fűszert, hagymát, édes paprikát, jalapenót és köményt. Főzzük és keverjük körülbelül 10 percig, vagy amíg a zöldségek megpuhulnak. Tegye vissza az összes húst és a felgyülemlett levet a serpenyőbe. Hozzákeverjük a gombát és a citromlevet. Forrón főzzük. Vegye le a serpenyőt a tűzről; belekeverjük a petrezselymet. Tálaljuk avokádóval és tetszőleges salsával.

SERTÉS SZŰZPECSENYE PORTÓIVAL ÉS ASZALT SZILVÁVAL

KÉSZÍTMÉNY:10 perc sütés: 12 perc készenlét: 5 perc készítés: 4 adag

A PORTÓI SZESZEZETT BOR,EZ AZT JELENTI, HOGY PÁLINKASZERŰ SZESZESITALT ADNAK HOZZÁ, HOGY MEGÁLLÍTSÁK AZ ERJEDÉSI FOLYAMATOT. EZ AZT JELENTI, HOGY TÖBB CUKORMARADÉKOT TARTALMAZ, MINT AZ ASZTALI VÖRÖSBORBAN, EZÉRT ÉDESEBB AZ ÍZE. NEM OLYASMI, AMIT MINDEN NAP SZERETNÉL INNI, DE JÓ, HA IDŐNKÉNT EGY KEVESET HASZNÁLSZ FŐZÉSHEZ.

2 db 12 uncia sertés szűzpecsenye

2½ teáskanál őrölt koriander

¼ teáskanál fekete bors

2 evőkanál olívaolaj

1 medvehagyma, szeletelve

½ csésze portói bor

½ csésze csirke csontleves (lásd Leírás) vagy sózatlan csirkehúsleves

20 mag nélküli, kénmentes aszalt szilva

½ teáskanál őrölt pirospaprika

2 teáskanál apróra vágott friss tárkony

1. Melegítse elő a sütőt 400°F-ra. Megszórjuk a sertéshúst 2 teáskanál korianderrel és fekete borssal.

2. Egy nagy, tűzálló serpenyőben hevítsük fel az olívaolajat közepesen magas lángon. Adjuk hozzá a bélszínt a serpenyőbe. Minden oldalról barnára sütjük, egyenletesen barnára, körülbelül 8 perc alatt. Helyezze a serpenyőt a sütőbe. Fedő nélkül sütjük körülbelül 12 percig, vagy amíg a sült közepébe helyezett azonnali leolvasású hőmérő

140°F-ot nem mutat. A szűzpecsenyét áttesszük egy vágódeszkára. Lazán letakarjuk alufóliával és 5 percig állni hagyjuk.

3. Ezalatt csepegtessük le az olajat a serpenyőből, 1 evőkanálnyit a szószhoz tartva. Főzzük a medvehagymát egy serpenyőben közepes lángon körülbelül 3 percig, vagy amíg meg nem pirul és megpuhul. Adjon hozzá egy portot a serpenyőhöz. Forraljuk fel, kevergetve kaparjuk le a sült darabokat. Adjuk hozzá a csirkecsont-levest, az aszalt szilvát, a törött pirospaprikát és a maradék ½ teáskanál koriandert. Főzzük közepesen magas lángon, hogy kissé csökkentsük, körülbelül 1-2 percig. Keverjük hozzá a tarhonyát.

4. A sertéshúst felszeleteljük, aszalt szilvával és mártással tálaljuk.

MOO SHU STÍLUSÚ SERTÉSHÚS GYORS PÁCOLT SALÁTA CSÉSZÉKBEN

ELEJÉTŐL A VÉGÉIG: 45 perc: 4 adag

HA HAGYOMÁNYOS MOO SHU ÉTKEZÉSED VANEGY KÍNAI ÉTTEREMBEN TUDJA, HOGY EZ EGY FINOM HÚS- ÉS ZÖLDSÉGBETÉT, AMELYET VÉKONY PALACSINTÁRA FOGYASZTANAK ÉDES SZILVA- VAGY MAZSOLASZÓSSZAL. EZ A KÖNNYEBB ÉS FRISSEBB PALEO VÁLTOZAT GYÖMBÉRREL ÉS FOKHAGYMÁVAL SÜLT SERTÉSHÚST, BOK CHOY-T ÉS SHIITAKE GOMBÁT TARTALMAZ, ÉS SALÁTA PAKOLÁSBAN, ROPOGÓS ECETES ZÖLDSÉGEKKEL FOGYASZTHATÓ.

ECETES ZÖLDSÉGEK

- 1 csésze sárgarépa
- 1 csésze julienned daikon retek
- ¼ csésze reszelt vöröshagyma
- 1 csésze cukrozatlan almalé
- ½ csésze almaecet

SERTÉSHÚS

- 2 evőkanál olíva- vagy finomított kókuszolaj
- 3 tojás, enyhén felverve
- 8 uncia sertéskaraj 2 × ½ hüvelykes csíkokra vágva
- 2 teáskanál apróra vágott friss gyömbér
- 4 gerezd fokhagyma, felaprítva
- 2 csésze vékonyra szeletelt napa káposzta
- 1 csésze vékonyra szeletelt shiitake gomba
- ¼ csésze vékonyra szeletelt újhagyma
- 8 bostoni salátalevél

1. Gyorsan pácolt zöldségekhez dobja össze a sárgarépát, a daikont és a hagymát egy nagy tálban. A sós léhez az almalevet és az ecetet egy serpenyőben addig melegítjük, amíg fel nem emelkedik a gőz. Öntsük a sóoldatot a tálban lévő zöldségekre; Lefedjük és tálalásig hűtőbe tesszük.

2. Melegíts fel 1 evőkanál olajat egy nagy serpenyőben közepesen magas lángon. A tojásokat habverővel enyhén felverjük. Adjunk hozzá tojást a serpenyőbe; Keverés nélkül főzzük körülbelül 3 percig, amíg az alja meg nem áll. Rugalmas spatula segítségével óvatosan fordítsa meg a tojást, és süsse meg a másik oldalát is. Csúsztassa a tojást a serpenyőből egy tányérra.

3. Kezdje újra felmelegíteni a serpenyőt; Adjuk hozzá a maradék 1 evőkanál olajat. Adjuk hozzá a sertéscsíkokat, a gyömbért és a fokhagymát. Főzzük és keverjük közepesen magas lángon körülbelül 4 percig, vagy amíg a sertés már nem rózsaszínű. Adjunk hozzá káposztát és gombát; Főzzük és keverjük körülbelül 4 percig, vagy amíg a káposzta megfonnyad, a gomba megpuhul és a sertéshús megpuhul. Vegyük le a serpenyőt a tűzről. A főtt tojást csíkokra vágjuk. Óvatosan keverje hozzá a tojáscsíkokat és a zöldhagymát a sertéshúsos keverékhez. Salátalevelekre tálaljuk, és ecetes zöldségekkel díszítjük.

SERTÉSSZELET MAKADÁMIÁVAL, ZSÁLYÁVAL, FÜGÉVEL ÉS ÉDESBURGONYAPÜRÉVEL

KÉSZÍTMÉNY:15 perces főzés: 25 perc: 4 adag

ÉDESBURGONYAPÜRÉVEL PÁROSÍTVA,EZEK A LÉDÚS, ZSÁLYÁS BORDÁK TÖKÉLETES ŐSZI ÉTELT ALKOTNAK, ÉS GYORSAN RÖGZÍTHETŐK, ÍGY TÖKÉLETES EGY ZSÚFOLT HÉTVÉGÉRE.

4 kicsontozott sertéskaraj, 1¼ hüvelyk vastagra vágva

3 evőkanál apróra vágott friss zsálya

¼ teáskanál fekete bors

3 evőkanál makadámdió olaj

2 font édesburgonya, meghámozva és 1 hüvelykes darabokra vágva

¾ csésze apróra vágott makadámia dió

½ csésze apróra vágott szárított füge

⅓ csésze marhacsontleves (lásd az ábrát).Leírás) vagy sózatlan húsleves

1 evőkanál friss citromlé

1. Szórj 2 evőkanál zsályát és borsot a sertéskaraj mindkét oldalára; dörzsölje meg az ujjaival. Melegítsünk fel 2 evőkanál olajat egy nagy serpenyőben közepes lángon. Adjunk szeleteket a serpenyőhöz; Süsse 15-20 percig, vagy amíg meg nem fő (145°F), a főzés felénél egyszer fordítsa meg. Tegye át a szeleteket egy tányérra; Fedjük le, hogy melegen tartsuk.

2. Közben egy nagy serpenyőben keverjük össze az édesburgonyát és annyi vizet, hogy ellepje. Forraljuk fel; csökkentse a hőt. Fedjük le és főzzük 10-15 percig, vagy amíg a burgonya megpuhul. A burgonyát lecsepegtetjük.

Adjuk hozzá a maradék evőkanál makadámiaolajat a burgonyához, és pépesítsük krémesre; tartsd melegen.

3. A szószhoz adjuk hozzá a makadámdiót a serpenyőbe; Közepes lángon csak aranybarnára sütjük. Adjunk hozzá szárított fügét és a maradék 1 evőkanál zsályát; 30 másodpercig főzzük. Adjuk hozzá a marhacsontlevest és a citromlevet a serpenyőbe, és keverjük le, hogy lekaparjuk a megbarnult darabokat. Rákanalazzuk a sertéskarajra, és a szósszal és édesburgonyapürével tálaljuk.

SERPENYŐBEN SÜLT ROZMARING-LEVENDULÁS SERTÉSSZELET SZŐLŐVEL ÉS PIRÍTOTT DIÓVAL

KÉSZÍTMÉNY:10 perc főzés: 6 perc sütés: 25 perc készítés: 4 adag

SZŐLŐ PÖRKÖLÉS SERTÉSKARAJJALFOKOZZA ÍZÉT ÉS ÉDESSÉGÉT. A ROPOGÓSRA PIRÍTOTT PEKÁNDIÓVAL ÉS EGY CSIPETNYI FRISS ROZMARINGGAL EGYÜTT REMEK FELTÉTET ALKOTNAK EZEKHEZ A KIADÓS BORDÁKHOZ.

2 evőkanál apróra vágott friss rozmaring

1 evőkanál apróra vágott friss levendula

½ teáskanál fokhagymapor

½ teáskanál fekete bors

4 sertés karaj, 1¼ hüvelyk vastagra vágva (kb. 3 font)

1 evőkanál olívaolaj

1 nagy medvehagyma, vékonyra szeletelve

1½ csésze vörös és/vagy zöld mag nélküli szőlő

½ csésze száraz fehérbor

½ csésze durvára vágott dió

Vágja fel a friss rozmaringot

1. Melegítse elő a sütőt 375°F-ra. Egy kis tálban keverj össze 2 evőkanál rozmaringot, levendulát, fokhagymaport és borsot. A fűszernövénykeveréket egyenletesen eloszlatjuk a sertésszeleteken. Egy sütőálló, extra nagy serpenyőben közepes lángon hevítsük fel az olívaolajat. Adjunk szeleteket a serpenyőhöz; Süssük 6-8 percig, vagy amíg mindkét oldala megpirul. Tegye át a szeleteket egy tányérra; fóliával letakarjuk.

2. Adja hozzá a medvehagymát a serpenyőhöz. Közepes lángon főzzük 1 percig, és keverjük össze. Adjuk hozzá a szőlőt és a bort. Főzzük még körülbelül 2 percig, kevergetve, hogy kikaparjuk a megbarnult darabokat. Tegye vissza a sertésszeleteket a serpenyőbe. Helyezze a serpenyőt a sütőbe; Süssük 25-30 percig, vagy amíg a szelet elkészül (145°F).

3. Közben a diót egy sekély tepsire terítjük. Betesszük a sütőbe a karajjal együtt. Süssük körülbelül 8 percig, vagy amíg aranybarna nem lesz, egyszer megkeverve, hogy egyenletesen barnuljon.

4. Sertésszelet tálalásához szőlővel és pörkölt dióval. Megszórjuk további friss rozmaringgal.

SERTÉSSZELET ALLA FIORENTINA GRILLEZETT BROKKOLIVAL

KÉSZÍTMÉNY:Grillezés 20 percig: Pácolás 20 percig: 3 perc: 4 adagFÉNYKÉP

"ALLA FIORENTINA"VALÓJÁBAN AZT JELENTI: "FIRENZE STÍLUSÁBAN". EZT A RECEPTET A BISTECCA ALLA FIORENTINA, EGY FATÜZELÉSŰ GRILLEN FŐTT TOSZKÁN T-CSONT IHLETTE – ÁLTALÁBAN CSAK OLÍVAOLAJAT, SÓT, BORSOT ÉS EGY CSIPETNYI FRISS CITROMOT KELL BEFEJEZNI.

1 kiló brokkoli rabe

1 evőkanál olívaolaj

4 6-8 uncia csontos sertéskaraj szelet, 1,5-2 hüvelyk vastagra vágva

durvára őrölt fekete bors

1 citrom

4 gerezd fokhagyma, vékonyra szeletelve

2 evőkanál apróra vágott friss rozmaring

6 friss zsályalevél apróra vágva

1 teáskanál zúzott pirospaprika pehely (vagy ízlés szerint)

½ csésze olívaolaj

1. Főzzük a brokkolit egy nagy fazék forrásban lévő vízben 1 percig. Azonnal tegyük át egy tál jeges vízbe. Ha kihűlt, csepegtessük le a brokkolit egy papírtörlővel bélelt tepsire, és szárítsuk meg további papírtörlővel, amennyire csak lehetséges. Távolítsa el a papírtörlőket a tepsiről. Meglocsoljuk a brokkolit 1 evőkanál olívaolajjal, feldobjuk a bevonattal; Tedd félre grillezésig.

2. Szórjunk durvára őrölt borsot a karaj mindkét oldalára; tedd félre. Zöldséghámozóval hámozzuk le a citrom héját (a citromot tartsa el egy másik felhasználásra). Egy nagy

tányérra szórjunk citromhéjcsíkokat, szeletelt
fokhagymát, rozmaringot, zsályát és zúzott paprikát; tedd
félre.

3. A szénsütőnél helyezze át a legtöbb forró szenet a grill egyik
   oldalára, és hagyjon néhány szenet a grill másik oldala
   alatt. A karajokat közvetlenül forró parázson sütjük 2-3
   percig, vagy amíg barna kéreg nem képződik. Fordítsa
   meg a karajokat, és süsse meg a második oldalát további 2
   percig. Helyezze a szeleteket a grill másik oldalára. Fedjük
   le, és grillezzük 10-15 percig, vagy amíg meg nem fő
   (145°F). (Gázgrillel melegítse elő a grillt; mérsékelje a hőt
   a grill egyik oldalán közepesre. A karajokat nagy lángon
   süsse meg a fenti utasítások szerint. Váltson a grill
   közepesen meleg oldalára; folytassa a fenti utasítások
   szerint.)

4. Tegye át a karajokat a tányérra. A szeleteket meglocsoljuk
   fél pohár olívaolajjal, megforgatjuk, hogy mindkét oldalát
   ellepje. Tálalás előtt 3-5 percig pácoljuk a hússzeleteket,
   majd egyszer-kétszer megfordítjuk, hogy a hús tele legyen
   citromhéjjal, fokhagymával és fűszernövényekkel.

5. Amíg a karaj pihen, grillezzük meg a brokkolit, hogy enyhén
   elszenesedjen és felmelegedjen. Rendezzük brokkoli rabe
   tányéron sertéskaraj; Tálalás előtt minden szeletre és
   brokkolira kanalazzuk a pácból.

ESCAROLE TÖLTÖTT SERTÉSSZELET

KÉSZÍTMÉNY:20 perces főzés: 9 perc: 4 adag

AZ ESCAROLE ZÖLDSALÁTAKÉNT FOGYASZTHATÓVAGY ENYHÉN MEGDINSZTELJÜK A FOKHAGYMÁT OLÍVAOLAJON GYORS KÖRETNEK. ITT AZ OLÍVAOLAJ FOKHAGYMÁVAL, FEKETE BORSSAL, ZÚZOTT PAPRIKÁVAL ÉS CITROMMAL KOMBINÁLVA GYÖNYÖRŰ, ÉLÉNKZÖLD TÖLTELÉKET HOZ LÉTRE A RÁNTOTT, LÉDÚS SERTÉSSZELETEKHEZ.

4 6-8 uncia csontos sertésszelet, ¾ hüvelyk vastagra vágva

½ közepes escarole, apróra vágva

4 evőkanál olívaolaj

1 evőkanál friss citromlé

¼ teáskanál fekete bors

¼ teáskanál őrölt pirospaprika

2 nagy gerezd fokhagyma, felaprítva

olivaolaj

1 evőkanál apróra vágott friss zsálya

¼ teáskanál fekete bors

⅓ csésze száraz fehérbor

1. Egy vágókéssel vágjon egy körülbelül 2 hüvelyk széles mély zsebet minden sertésszelet ívelt oldalába; tedd félre.

2. Egy nagy tálban keverje össze az escarole-t, 2 evőkanál olívaolajat, citromlevet, ¼ teáskanál fekete borsot, zúzott pirospaprikát és fokhagymát. Töltsön meg minden darabot a keverék negyedével. A szeleteket megkenjük olívaolajjal. Megszórjuk zsályával és ¼ teáskanál őrölt fekete borssal.

3. Egy nagyon nagy serpenyőben melegíts fel 2 evőkanál olívaolajat közepesen magas lángon. Mindkét oldalát 4 percig sütjük, amíg a sertés aranybarna nem lesz. Tegye át a karajokat egy tányérra. Adjunk hozzá bort a serpenyőbe, kaparjuk le a megbarnult darabokat. Csökkentse a serpenyőben lévő levet 1 percig.

4. Tálalás előtt meglocsoljuk a szeleteket a serpenyőben lévő levekkel.

DIJON-PECAN CRUST SERTÉSSZELET

KÉSZÍTMÉNY:15 percig sütjük: 6 percig főzzük: 3 percig készítjük: 4 adagFÉNYKÉP

EZEK A MUSTÁROS ÉS DIÓHÉJAS SZELETEKNEM IS LEHETNE EGYSZERŰBB ELKÉSZÍTENI – AZ ÍZE PEDIG MESSZE MEGHALADJA AZ ERŐFESZÍTÉST. PRÓBÁLD KI FAHÉJBAN SÜLT SÜTŐTÖKKEL (LÁSD.LEÍRÁS), A NEOKLASSZIKUS WALDORF SALÁTA (LÁSD.LEÍRÁS) VAGY KELBIMBÓ ÉS ALMA SALÁTA (LÁSD.LEÍRÁS).

⅓ csésze finomra vágott dió, pirítva (lásd az ábrát).Nyom)

1 evőkanál apróra vágott friss zsálya

3 evőkanál olívaolaj

4 csontos, középre vágott sertésszelet, körülbelül 1 hüvelyk vastag (összesen körülbelül 2 font)

½ teáskanál fekete bors

2 evőkanál olívaolaj

3 evőkanál Dijon stílusú mustár (lásdLeírás)

1. Melegítse elő a sütőt 400°F-ra. Egy kis tálban keverje össze a diót, a zsályát és az 1 evőkanál olívaolajat.

2. A sertésszeleteket megszórjuk borssal. Egy nagy, tűzálló serpenyőben hevítsük fel a maradék 2 evőkanál olívaolajat nagy lángon. Adjunk hozzá szeleteket; Egyszer megforgatva süssük körülbelül 6 percig, vagy amíg mindkét oldala megpirul. Vegyük le a serpenyőt a tűzről. Dijon-stílusú mustárt kenjünk a karajra; Szórjuk rá a diós keveréket, enyhén nyomkodjuk rá a mustárt.

3. Helyezze a serpenyőt a sütőbe. Főzzük 3-4 percig, vagy amíg a szelet elkészül (145°F).

DIÓHÉJÚ SERTÉSHÚS SZEDER SPENÓT SALÁTÁVAL

KÉSZÍTMÉNY:30 perc főzés: 4 perc: 4 adag

A SERTÉSHÚSNAK TERMÉSZETESEN ÉDES ÍZE VANGYÜMÖLCSHÖZ JÓL ILLIK. MÍG ÁLTALÁBAN AZ ŐSZI GYÜMÖLCSÖK, MINT AZ ALMA ÉS A KÖRTE, VAGY A CSONTHÉJASOK, MINT AZ ŐSZIBARACK, A SZILVA ÉS A SÁRGABARACK A GYANÚSÍTOTTAK, A SERTÉSHÚS ÉDES-SAVANYÚ, BOROS ÍZŰ SZEDERREL IS FINOM.

1⅔ csésze szeder

1 evőkanál plusz 1½ teáskanál víz

3 evőkanál dióolaj

1 evőkanál plusz 1½ teáskanál fehérborecet

2 tojás

¾ csésze mandulaliszt

⅓ csésze finomra vágott dió

1 evőkanál plusz 1½ teáskanál mediterrán fűszer (lásd a forrásokat).Leírás)

4 karaj vagy csont nélküli sertésszelet (összesen 1-1,5 font)

6 csésze friss babaspenótlevél

½ csésze tépett friss bazsalikomlevél

½ csésze reszelt vöröshagyma

½ csésze apróra vágott dió, pörkölt (lásdNyom)

¼ csésze finomított kókuszolaj

1. A szederszószhoz keverjünk össze 1 csésze szedret és vizet egy kis lábasban. Forraljuk fel; csökkentse a hőt. Fedővel, időnként megkeverve főzzük 4-5 percig, vagy amíg a bogyók megpuhulnak és élénk barna színűvé nem válnak. Vegyük le a tűzről; kissé lehűtjük. Öntse a lecsepegtetett szederet egy turmixgépbe vagy konyhai robotgépbe;

fedjük le és turmixoljuk vagy dolgozzuk simára. Egy kanál hátával a pürésített gyümölcsöt finom szitán szűrjük át; dobja ki a magokat és a szilárd anyagokat. A lecsepegtetett bogyókat, a dióolajat és az ecetet felverjük egy közepes tálban; tedd félre.

2. Egy nagy tepsit kibélelünk sütőpapírral; tedd félre. Egy lapos edényben villával enyhén felverjük a tojásokat. Egy másik sekély edényben keverje össze a mandulalisztet, ½ csésze finomra vágott diót és a mediterrán fűszert. A sertésszeleteket egyenként a tojásba, majd a diós keverékbe mártjuk, és egyenletesen bevonjuk. Helyezze a bevont sertésszeleteket egy előkészített sütőlapra; tedd félre.

3. Egy nagy tálban keverjük össze a spenótot és a bazsalikomot. Osszuk a zöldeket a tányérok egyik oldalára, és osszuk négy tálalótányérra. Tegye a tetejére a maradék ⅔ csésze epret, lilahagymát és ½ csésze pörkölt diót. Meglocsoljuk szeder salátaöntettel.

4. Melegítse fel a kókuszolajat egy extra nagy serpenyőben közepesen magas lángon. Adja hozzá a sertésszeleteket a serpenyőbe; Körülbelül 4 percig főzzük, vagy amíg meg nem fő (145°F), egyszer megfordítva. Adjunk sertésszeleteket a saláta tányérokhoz.

ÉDES-SAVANYÚ VÖRÖSKÁPOSZTA SERTÉSSZELET

KÉSZÍTMÉNY: 20 perces főzés: 45 perc: 4 adag

BELÜL „PALEO ALAPELVEK" FEJEZETE ENNEK A KÖNYVNEK A MANDULALISZT (MÁS NÉVEN MANDULALISZT) NEM PALEO ÖSSZETEVŐKÉNT SZEREPEL – NEM AZÉRT, MERT A MANDULALISZT EREDENDŐEN ROSSZ, DE NEM SZABAD GYAKRAN HASZNÁLNI BÚZALISZTES SÜTEMÉNYEKHEZ, MUFFINOKHOZ, SÜTEMÉNYEKHEZ STB. LEGYEN A REAL PALEO DIET® RENDSZERES RÉSZE. HA MÉRTÉKKEL HASZNÁLJUK BEVONATKÉNT EGY VÉKONY SERPENYŐBEN SÜLT SERTÉS- VAGY SZÁRNYASHÚSHOZ, EZ NEM PROBLÉMA, MINT ITT.

FEJES KÁPOSZTA

- 2 evőkanál olívaolaj
- 1 csésze apróra vágott vöröshagyma
- 6 csésze vékonyra szeletelt vöröskáposzta (kb. fél fej)
- 2 Granny Smith alma, meghámozva, kimagozva és apróra vágva
- ¾ csésze friss narancslé
- 3 evőkanál almaecet
- ½ teáskanál köménymag
- ½ teáskanál zellermag
- ½ teáskanál fekete bors

SERTÉSHÚS

- 4 csont nélküli sertés karaj, fél hüvelyk vastagra vágva
- 2 csésze mandulaliszt
- 1 evőkanál szárított citromhéj
- 2 teáskanál fekete bors
- ¾ teáskanál őrölt szegfűbors
- 1 nagy tojás

¼ csésze mandulatej
3 evőkanál olívaolaj
citrom szeleteket

1. Édes-savanyú káposztához melegítsen olívaolajat 6 literes holland sütőben közepes-alacsony lángon. adjunk hozzá hagymát; Süssük 6-8 percig, vagy amíg megpuhul és enyhén megpirul. adjunk hozzá káposztát; Főzzük és keverjük 6-8 percig, vagy amíg a káposzta ropogós nem lesz. Adjunk hozzá almát, narancslevet, ecetet, köménymagot, zellermagot és ½ teáskanál borsot. Forraljuk fel; minimalizálja a hőt. Lefedve 30 percig főzzük, időnként megkeverve. Fedjük le, és főzzük, amíg a folyadék el nem csökken.

2. Közben tegye a sertésszeleteket két műanyag fólia vagy sütőpapír közé. Egy húskalapács vagy sodrófa lapos oldalával verje fel körülbelül ¼ hüvelyk vastagra; tedd félre.

3. Egy sekély edényben keverje össze a mandulalisztet, a szárított citromhéjat, 2 teáskanál borsot és a szegfűborsot. Egy másik lapos edényben keverjük össze a tojást és a mandulatejet. A sertésszeleteket finoman bekenjük fűszeres liszttel, a felesleget lerázzuk róla. Mártsuk a tojásos keverékbe, majd ismét mártsuk fűszeres lisztbe, a felesleget lerázva. Ismételje meg a maradék szeletekkel.

4. Melegítse fel az olívaolajat egy nagy serpenyőben közepesen magas lángon. Adjunk hozzá 2 szeletet a serpenyőbe. Süssük 6-8 percig, vagy amíg a szelet aranybarna és átsül, egyszer megforgatjuk. Tegye át a húsgombócokat egy főzőlapra. Ismételje meg a maradék 2 szelettel.

5. A húsgombócokat káposztával és citromkarikákkal tálaljuk.

FÜSTÖLT BABA HÁTBORDA ALMÁS-MUSTÁROS FELMOSÓ SZÓSSZAL

SZOPNI:1 óra várakozás: 15 perc dohányzás: 4 óra főzés: 20 perc készítés: 4 adagFÉNYKÉP

GAZDAG ÍZ ÉS HÚSOS TEXTÚRAA FÜSTÖLT BORDÁKHOZ VALAMI HŰVÖS ÉS ROPOGÓS KELL HOZZÁ. SZINTE BÁRMILYEN KÁPOSZTASALÁTA MEGTESZI, DE ÉDESKÖMÉNY SALÁTA (LÁSD A FORRÁSOKAT).LEÍRÁSÉS A KÉPENITT), KÜLÖNÖSEN JÓ.

SZELET
8-10 darab alma vagy diófa

3-3½ font sertéskaraj baba hátborda

¼ csésze füstös fűszerezés (lásdLeírás)

SOS
1 közepesen sült alma, meghámozva, kimagozva és vékonyra szeletelve

¼ csésze apróra vágott hagyma

¼ csésze víz

¼ csésze almaecet

2 evőkanál Dijon stílusú mustár (lásdLeírás)

2-3 evőkanál vizet

1. Legalább 1 órával a füstölés előtt áztassa be a fadarabokat annyi vízbe, hogy ellepje. Használat előtt ürítse ki. Vágja le a látható zsírt a bordákról. Ha szükséges, távolítsa el a membránt a bordák hátuljáról. Helyezze a bordákat egy széles, sekély serpenyőbe. Egyenletesen megszórjuk Füstös fűszerezéssel; dörzsölje meg az ujjaival. Hagyja állni szobahőmérsékleten 15 percig.

2. Dohányzóban helyezze el az előmelegített szenet, a lecsepegtetett faforgácsot és a vizet a gyártó utasításai szerint. Öntsön vizet az edénybe. Helyezze a bordákat csont oldalukkal lefelé a víztál feletti grillrácsra. (Vagy tegye a bordákat egy bordás rácsra; helyezze a bordás rácsot a grillrácsra.) Fedje le és füstölje 2 órán át. Tartson körülbelül 225°F hőmérsékletet a dohányzóban a dohányzás teljes időtartama alatt. Adjon hozzá további szenet és vizet, ha szükséges, hogy fenntartsa a hőmérsékletet és a páratartalmat.

3. Eközben a mop szószhoz keverje össze az almaszeleteket, a hagymát és ¼ csésze vizet egy kis serpenyőben. Forraljuk fel; csökkentse a hőt. Fedjük le, és időnként megkeverve főzzük 10-12 percig, vagy amíg az almaszeletek nagyon megpuhulnak. Enyhén hűtsük le; A lecsepegtetetlen almát és hagymát aprítógépbe vagy turmixgépbe tesszük. Fedjük le és dolgozzuk fel vagy turmixoljuk simára. Tegye vissza a pürét az edénybe. Keverjük össze ecettel és Dijon stílusú mustárral. Közepes-alacsony lángon 5 percig főzzük, időnként megkeverve. Adjunk hozzá 2-3 evőkanál vizet (vagy szükség szerint többet), hogy az öntet salátaöntet állagú legyen. A szószt három részre osztjuk.

4. 2 óra elteltével kenje meg bőségesen a bordákat a felmosó szósz egyharmadával. Fedjük le és füstöljük még 1 órán át. Ismét megkenjük a felmosó szósz egyharmadával. Csomagoljon minden bordalapot nehéz fóliába, és tegye vissza a bordákat a füstölőre, szükség esetén rakja egymásra. Fedjük le és füstöljük még 1-1,5 órán keresztül, vagy amíg a bordák megpuhulnak.*

5. Nyissa ki a bordákat, és kenje meg a felmosószósz maradék harmadát. Tálaláskor a bordákat a csontok közé vágjuk.

*Tipp: A bordák érzékenységének teszteléséhez óvatosan távolítsa el a fóliát az egyik bordalemezről. Fogja fel a bordalemezt fogóval, a tányért a rönk negyedénél fogva. Fordítsa el a bordás tányért úgy, hogy a húsos oldala lefelé nézzen. Ha a bordák érzékenyek, akkor a tányér felvételekor szét kell esniük. Ha nem puha, csomagold be újra fóliába, és füstöld tovább a bordákat, amíg megpuhulnak.

SÜTŐS BBQ COUNTRY STÍLUSÚ SERTÉSBORDA FRISS ANANÁSZSAL

KÉSZÍTMÉNY:20 perc főzés: 8 perc főzés: 1 óra 15 perc: 4 adag

A VIDÉKI STÍLUSÚ SERTÉSBORDA HÚSOS,OLCSÓ, ÉS HA MEGFELELŐEN KEZELJÜK – PÉLDÁUL ALACSONYRA FŐZZÜK ÉS LASSAN FŐZZÜK BARBECUE SZÓSZBAN –, MEGOLVAD ÉS MEGPUHUL.

- 2 kiló kicsontozott vidéki sertésborda
- ¼ teáskanál fekete bors
- 1 evőkanál finomított kókuszolaj
- ½ csésze friss narancslé
- 1½ csésze barbecue szósz (lásdLeírás)
- 3 csésze apróra vágott zöld és/vagy vörös káposzta
- 1 csésze reszelt sárgarépa
- 2 csésze finomra vágott ananász
- ⅓ csésze Bright Citrus Vinaigrette (lásd.Leírás)
- BBQ szósz (lásdLeírás) (választható)

1. Melegítse elő a sütőt 350°F-ra. A sertéshúst megszórjuk borssal. Melegítsük fel a kókuszolajat egy extra nagy serpenyőben közepesen magas lángon. Adjuk hozzá a sertésbordát; Süssük 8-10 percig, vagy amíg meg nem pirulnak, egyenletesen barnulnak. Helyezze a bordákat egy 3 literes téglalap alakú tepsire.

2. A szószhoz öntsük a narancslevet a serpenyőbe, és keverjük meg, hogy lekaparjuk a megbarnult darabokat. Keverjünk össze 1½ csésze barbecue szószt. Öntsük a szószt a bordákra. Fordítsuk meg, hogy bevonjuk a bordákat a szósszal (ha szükséges, használjunk cukrászecsetet, hogy

a szószt a bordákra kenjük). A tepsit szorosan fedjük le alufóliával.

3. Főzzük a tarját 1 órán keresztül. Vegyük le a fóliát, és kenjük meg a bordákat a tepsi szósszal. Főzzük még körülbelül 15 percig, vagy amíg a bordák megpuhulnak és megpirulnak, a szósz pedig kissé besűrűsödik.

4. Eközben keverje össze a kelkáposztát, a sárgarépát, az ananászt és a Bright Citrus Vinaigrette-t ananászsalátához. Fedjük le és tegyük hűtőbe tálalásig.

5. Tálaljuk a bordákat káposztasalátával és további BBQ szósszal, ha szükséges.

FŰSZERES SERTÉSGULYÁS

KÉSZÍTMÉNY:20 perces főzés: 40 perc: 6 adag

EZT A MAGYAROS PÖRKÖLTET TÁLALJÁK.ROPOGÓS, ALIG FONNYADT KÁPOSZTAÁGYON ENNI EGY TÁNYÉRT. TÖRJÜK ÖSSZE A KÖMÉNYMAGOT, HA VAN, MOZSÁRTÖRŐBEN. HA NEM, PÉPESÍTSE A SZAKÁCSKÉS SZÉLES OLDALA ALATT ÚGY, HOGY ENYHÉN NYOMJA MEG A PENGÉT AZ ÖKLÉVEL.

GULYÁS

1½ font darált sertéshús

2 csésze apróra vágott piros, narancssárga és/vagy sárga édes paprika

½ csésze apróra vágott vöröshagyma

1 kis friss piros chili kimagozva és apróra vágva (lásd az ábrát).Nyom)

4 teáskanál Smoky Spice (lásdLeírás)

1 teáskanál köménymag, összetörve

¼ teáskanál őrölt majoránna vagy kakukkfű

1 14 uncia apróra vágott paradicsom hozzáadott só nélkül, lecsepegtetetlen

2 evőkanál vörösborecet

1 evőkanál finomra vágott citromhéj

⅓ csésze apróra vágott friss petrezselyem

FEJES KÁPOSZTA

2 evőkanál olívaolaj

1 közepes hagyma, szeletelve

1 kis fej zöld- vagy vöröskáposzta kimagozva és vékonyra szeletelve

1. A gulyáshoz őrölt sertéshúst, édes paprikát és hagymát egy nagy holland sütőben, közepesen magas hőfokon 8-10 percig, vagy amíg a sertéshús rózsaszínű lesz, a zöldségek pedig ropogósra nem pirulnak, fakanállal kevergetve. felaprítani a húst. Engedje le az olajat. Csökkentse a hőt alacsonyra; Adjuk hozzá a vörös chilit, a füstölt fűszert, a

köménymagot és a majoránnát. Fedjük le és főzzük 10 percig. Adjuk hozzá a lecsepegtetett paradicsomot és az ecetet. Forraljuk fel; csökkentse a hőt. Lefedve 20 percig forraljuk.

2. Közben a káposztához egy nagyon nagy serpenyőben közepes lángon felhevítjük az olajat. Adjuk hozzá a hagymát, és főzzük körülbelül 2 percig, amíg megpuhul. adjunk hozzá káposztát; keverjük össze. Csökkentse a hőt alacsonyra. Főzzük, időnként megkeverve, körülbelül 8 percig, vagy amíg a káposzta megpuhul.

3. Tálaláskor tányérra helyezzük a káposzta keveréket. A tetejére szórjuk a gulyást, és megszórjuk citromhéjjal és petrezselyemmel.

MARINARA OLASZ KOLBÁSZOS HÚSGOMBÓC SZELETELT ÉDESKÖMÉNYZEL ÉS PIRÍTOTT HAGYMÁVAL

KÉSZÍTMÉNY:30 perc főzés: 30 perc főzés: 40 perc: 4-6 adag

EZ A RECEPT RITKA PÉLDAVALAMINT KONZERV TERMÉK - HA NEM JOBB - A FRISS VÁLTOZATBÓL. HACSAK NINCS NAGYON-NAGYON ÉRETT PARADICSOM, AKKOR NEM LESZ OLYAN JÓ AZ ÁLLAGA, HA FRISS PARADICSOMOT HASZNÁL, MINT HA KONZERV PARADICSOMOT SZÓSZBAN HASZNÁL. CSAK GYŐZŐDJÖN MEG ARRÓL, HOGY OLYAN TERMÉKET HASZNÁL, AMELY NEM TARTALMAZ HOZZÁADOTT SÓT, ÉS AMI MÉG JOBB, BIOTERMÉKET HASZNÁL.

HÚSGOLYÓK

2 nagy tojás

½ csésze mandulaliszt

8 gerezd fokhagyma, felaprítva

6 evőkanál száraz fehérbor

1 evőkanál pirospaprika

2 teáskanál fekete bors

1 teáskanál édesköménymag, enyhén összetörve

1 teáskanál szárított kakukkfű, összetörve

1 teáskanál szárított kakukkfű, összetörve

¼-½ teáskanál cayenne bors

1½ font darált sertéshús

MARINARA

2 evőkanál olívaolaj

2 15 uncia konzerv zúzott sómentes paradicsom vagy egy 28 uncia sómentes zúzott paradicsom

½ csésze apróra vágott friss bazsalikom

3 közepes édesköményhagyma, félbevágva, kimagozva és vékonyra szeletelve

1 nagy édes hagyma félbevágva és vékonyra szeletelve

1. Melegítse elő a sütőt 375°F-ra. Egy széles peremű tepsit kibélelünk sütőpapírral; tedd félre. Egy nagy tálban keverje össze a tojást, a mandulalisztet, 6 gerezd darált fokhagymát, 3 evőkanál bort, paprikát, 1½ teáskanál fekete borsot, édesköménymagot, kakukkfüvet, kakukkfüvet és paprikát. Adjunk hozzá sertéshúst; jól összekeverni. Formázz a sertéshús keverékből 1½ hüvelykes húsgombócokat (kb. 24 húsgombóc legyen); Egy rétegben helyezzük az előkészített tepsire. Körülbelül 30 percig sütjük, vagy amíg enyhén megpirul, és főzés közben egyszer megforgatjuk.

2. Közben a marinara szószhoz hevíts fel 1 evőkanál olívaolajat egy 4-6 literes holland sütőben. Adjuk hozzá a maradék 2 gerezd darált fokhagymát; Körülbelül 1 percig főzzük, vagy amíg el nem kezd barnulni. Gyorsan hozzáadjuk a maradék 3 evőkanál bort, a zúzott paradicsomot és a bazsalikomot. Forraljuk fel; csökkentse a hőt. Fedővel 5 percig forraljuk. A megfőtt húsgombócokat óvatosan belekeverjük a marinara szószba. Fedjük le és süssük 25-30 percig.

3. Közben a maradék 1 evőkanál olívaolajat egy nagy serpenyőben, közepes lángon felhevítjük. Belekeverjük a felszeletelt édesköményt és a hagymát. Főzzük gyakran kevergetve 8-10 percig, vagy amíg megpuhul és enyhén megpirul. Ízesítsük a maradék ½ teáskanál fekete borssal.

Tálaljuk a húsgombócokat és a marinara szószt az édeskömény-hagymás pirításra.

SERTÉSHÚSSAL TÖLTÖTT SÜTŐTÖKÖS CSÓNAKOK BAZSALIKOMMAL ÉS FENYŐMAGGAL

KÉSZÍTMÉNY:20 perc főzés: 22 perc főzés: 20 perc készítés: 4 adag

A GYEREKEK IMÁDNI FOGJÁK EZT A SZÓRAKOZTATÓ ÉTELTÜREGES CUKKINI SERTÉSHÚSSAL, PARADICSOMMAL ÉS ÉDES PAPRIKÁVAL TÖLTÖTT. ADJUNK HOZZÁ 3 EVŐKANÁL BAZSALIKOMOS PESTÓT, HA SZÜKSÉGES (LÁSD<u>LEÍRÁS</u>) FRISS BAZSALIKOM, PETREZSELYEM ÉS FENYŐMAG HELYETT.

2 közepes cukkini
1 evőkanál extra szűz olívaolaj
12 uncia darált sertéshús
½ csésze apróra vágott hagyma
2 gerezd fokhagyma, felaprítva
1 csésze apróra vágott paradicsom
⅔ csésze finomra vágott sárga vagy narancssárga édes paprika
1 teáskanál édesköménymag, enyhén összetörve
½ teáskanál zúzott pirospaprika pehely
¼ csésze apróra vágott friss bazsalikom
3 evőkanál apróra vágott friss petrezselyem
2 evőkanál pörkölt fenyőmag (lásd<u>Nyom</u>) és durvára vágjuk
1 teáskanál finomra vágott citromhéj

1. Melegítse elő a sütőt 350°F-ra. Vágja félbe a tököt hosszában, és óvatosan kaparja ki a közepét, hagyva egy ¼ hüvelyk vastag kérget. A sütőtök pépet durvára vágjuk és félretesszük. A cukkini feleket vágott felükkel felfelé egy fóliával bélelt tepsire tesszük.

2. A töltelékhez az olívaolajat egy nagy serpenyőben közepes-magas lángon felhevítjük. Adjunk hozzá sertéshúst; Főzzük, fakanállal kevergetve, hogy a hús feltörjön, amíg rózsaszínű nem lesz. Engedje le az olajat. Csökkentse a hőt közepesre. Adjuk hozzá a fenntartott sütőtök pépet, a hagymát és a fokhagymát; Főzzük és keverjük körülbelül 8 percig, vagy amíg a hagyma megpuhul. Hozzákeverjük a paradicsomot, az édes paprikát, az édesköménymagot és a törött pirospaprikát. Körülbelül 10 percig főzzük, vagy amíg a paradicsom megpuhul és szétesik. Vegyük le a serpenyőt a tűzről. Adjuk hozzá a bazsalikomot, a petrezselymet, a fenyőmagot és a citromhéjat, és keverjük össze. A tölteléket enyhén a tökhéjak közé forgatva osztjuk szét. Süssük 20-25 percig, vagy amíg a cukkini héja ropogós nem lesz.

SERTÉS CURRYS ÉS ANANÁSZOS "TÉSZTA" TÁLAK KÓKUSZTEJJEL ÉS GYÓGYNÖVÉNYEKKEL

KÉSZÍTMÉNY:30 perc főzés: 15 perc főzés: 40 perc készítés: 4 adagFÉNYKÉP

1 nagy spagettitök
2 evőkanál finomított kókuszolaj
1 kiló sertéshús
2 evőkanál finomra vágott koriander
2 evőkanál friss citromlé
1 evőkanál apróra vágott friss gyömbér
6 gerezd fokhagyma, felaprítva
1 evőkanál apróra vágott citromfű
1 evőkanál sótlan thai stílusú vörös curry por
1 csésze apróra vágott piros édes paprika
1 csésze apróra vágott hagyma
½ csésze sárgarépa
1 baba bok choy, szeletelve (3 csésze)
1 csésze szeletelt friss gomba
1 vagy 2 thai madár chili vékonyra szeletelve (lásd az ábrát).Nyom)
1 13,5 uncia doboz természetes kókusztej (mint a Nature's Way)
½ csésze csirke csontleves (lásdLeírás) vagy sózatlan csirkehúsleves
¼ csésze friss ananászlé
3 evőkanál sózatlan zsírmentes kesudióolaj
1 csésze kockára vágott friss ananász
mész ékek
Friss koriander, menta és/vagy thai bazsalikom
Apróra vágott sült kesudió

1. Melegítse elő a sütőt 400°F-ra. Mikrohullámú spagettitök magas hőmérsékleten 3 percig. A tököt óvatosan

hosszában kettévágjuk, a magokat kikaparjuk. 1 evőkanál kókuszolajjal bedörzsöljük a cukkini levágott széleit. A cukkini felét vágott oldalukkal lefelé egy tepsire tesszük. Süssük 40-50 percig, vagy amíg a cukkini könnyen át nem szúrja egy késsel. Egy villa hegyével kaparjuk le a húst a héjáról, és tálalásig tartsuk melegen.

2. Eközben egy közepes tálban keverje össze a sertéshúst, a mogyoróhagymát, a citromlevet, a gyömbért, a fokhagymát, a citromfüvet és a curryport; jól összekeverni. Melegítsük fel a maradék 1 evőkanál kókuszolajat egy extra nagy serpenyőben közepesen magas lángon. Adjunk hozzá sertéshús keveréket; Főzzük, fakanállal kevergetve, hogy a hús feltörjön, amíg rózsaszínű nem lesz. Adjunk hozzá édes paprikát, hagymát és sárgarépát; Főzzük és keverjük körülbelül 3 percig, vagy amíg a zöldség ropogós nem lesz. Keverje össze a bok choy-t, a gombát, a chilit, a kókusztejet, a csirkehúslevest, az ananászlevet és a kesudióvajat. Forraljuk fel; csökkentse a hőt. adjunk hozzá ananászt; Lefedve főzzük, amíg jól fel nem melegszik.

3. Tálaláshoz osszuk el a spagetti tököt négy tálba. Helyezze a curry sertéshúst a cukkini tetejére. Citromkarikákkal, fűszernövényekkel és kesudióval tálaljuk.

FŰSZERES GRILLEZETT SERTÉSPOGÁCSA ROPOGÓS UBORKASALÁTÁVAL

KÉSZÍTMÉNY:30 perces grillezés: 10 percig állva: 10 percre elkészítve: 4 adag

ROPOGÓS UBORKASALÁTAFRISS MENTÁVAL ÍZESÍTETT FŰSZERES SERTÉSHAMBURGEREK ÜDÍTŐ ÉS FRISSÍTŐ KIEGÉSZÍTŐJE.

⅓ csésze olívaolaj

¼ csésze apróra vágott friss menta

3 evőkanál fehérborecet

8 gerezd fokhagyma, felaprítva

¼ teáskanál fekete bors

2 közepes uborka, nagyon vékonyra szeletelve

1 kis hagyma vékony csíkokra vágva (kb. ½ csésze)

1¼-1½ font darált sertéshús

¼ csésze apróra vágott friss koriander

1-2 közepes friss jalapeno vagy serrano chili paprika, kimagozva (ha szükséges) és apróra vágva (lásd az ábrát).Nyom)

2 közepes piros édes paprika kimagozva és felnegyedelve

2 teáskanál olívaolaj

1. Egy nagy tálban keverj össze ½ csésze olívaolajat, mentát, ecetet, 2 gerezd darált fokhagymát és fekete borsot. Hozzáadjuk a felszeletelt uborkát és a hagymát. Dobd, amíg jó bevonat nem lesz. Lefedjük és tálalásig hűtőbe tesszük, egyszer-kétszer megkeverve.

2. Egy nagy tálban keverje össze a sertéshúst, a koriandert, a chilipaprikát és a maradék 6 gerezd darált fokhagymát. Négy ¾ hüvelyk vastag pogácsát formázunk belőle. A

paprikanegyedeket enyhén megkenjük 2 teáskanál olívaolajjal.

3. Faszén- vagy gázgrillhez tegye a húsgombócokat és az édes paprikanegyedeket közvetlenül közepes lángra. Fedjük le és grillezzük úgy, hogy a húsgombócokat és a paprikanegyedeket a grill felénél megforgatjuk, amíg a sertéspogácsák oldalába helyezett azonnali leolvasható hőmérő 160 °F-ot nem mutat, a paprikanegyedek pedig puha és enyhén elszenesednek. Hagyjon 10-12 percet a fasírthoz, és 8-10 percet a paprikához.

4. Amikor a paprikanegyedek elkészültek, csomagold be egy darab fóliába, hogy teljesen ellepje. Hagyja állni körülbelül 10 percig, vagy amíg kellően lehűl a kezeléshez. Éles késsel óvatosan húzzuk le a héját a paprikáról. A paprikát hosszában vékonyra szeleteljük.

5. A tálaláshoz keverje össze az uborkasalátát, és kanalazza egyenletesen négy nagy tálalótányérra. Mindegyik tányérhoz tegyünk egy sertéspogácsát. A pirospaprika szeleteket egyenletesen elrendezzük a fasírtokon.

CUKKINIS PIZZA SZÁRÍTOTT PARADICSOM PESTOVAL, ÉDES PAPRIKÁVAL ÉS OLASZ KOLBÁSSZAL

KÉSZÍTMÉNY:30 perc főzés: 15 perc főzés: 30 perc főzés: 4 adag

EZ EVŐESZKÖZ PIZZA.ÜGYELJEN ARRA, HOGY A KOLBÁSZT ÉS A PAPRIKÁT ENYHÉN BELENYOMKODJA A PESTÓVAL BEVONT TÉSZÉBE, HOGY A SZÓSZOK ELÉGGÉ RAGADJANAK AHHOZ, HOGY A PIZZA MEGFELELŐEN VÁGHATÓ LEGYEN.

2 evőkanál olívaolaj

1 evőkanál finomra őrölt mandula

1 nagy tojás, enyhén felverve

½ csésze mandulaliszt

1 evőkanál apróra vágott friss kakukkfű

¼ teáskanál fekete bors

3 gerezd fokhagyma, felaprítva

3½ csésze reszelt cukkini (2 közepes)

Olasz kolbász (lásdLeírás, lent)

1 evőkanál extra szűz olívaolaj

1 édes paprika (sárga, piros vagy félig), kimagozva és nagyon vékony csíkokra vágva

1 kis hagyma, vékonyra szeletelve

Napon szárított paradicsom pesto (lásd Napon szárított paradicsom pesto).Leírás, lent)

1. Melegítse elő a sütőt 425°F-ra. Kenjünk meg egy 12 hüvelykes pizzasütőt 2 evőkanál olívaolajjal. megszórjuk őrölt mandulával; tedd félre.

2. Egy nagy tálban keverje össze a tojást, a mandulalisztet, a kakukkfüvet, a fekete borsot és a fokhagymát. Helyezze a

reszelt cukkinit egy tiszta törülközőre vagy ruhadarabra. szorosan tekerje be

FÜSTÖLT CITROM-KORIANDER BÁRÁNYCOMB, GRILLEZETT SPÁRGA

SZOPNI:30 perc előkészítés: 20 perc grillezés: 45 perc készenlét: 10 perc készítés: 6-8 adag

EZ AZ EGYSZERŰ, MÉGIS ELEGÁNS ÉTEL JELLEMZŐIKÉT ÖSSZETEVŐ, AMELY TAVASSZAL RÁNYOMJA BÉLYEGÉT: A BÁRÁNY ÉS A SPÁRGA. A KORIANDERMAG PIRÍTÁSA FOKOZZA A MELEG, FÖLDES, ENYHÉN CSÍPŐS ÍZT.

1 csésze hikkori faforgács
2 evőkanál koriandermag
2 evőkanál finomra vágott citromhéj
1½ teáskanál fekete bors
2 evőkanál apróra vágott friss kakukkfű
1 db 2-3 kilós csont nélküli báránycomb
2 csokor friss spárga
1 evőkanál olívaolaj
¼ teáskanál fekete bors
1 citrom negyedelve

1. Legalább 30 perccel a dohányzás előtt áztasd be a dióforgácsot annyi vízbe, hogy egy tálban ellepje; tedd félre. Közben egy kis serpenyőben pirítsd meg a koriandermagot közepes lángon körülbelül 2 percig, vagy amíg illatos és ropogós nem lesz, gyakran kevergetve. távolítsa el a magokat a serpenyőből; hagyjuk kihűlni. Ha kihűltek a magok, mozsártörőben jól összetörjük (vagy vágódeszkára tesszük a magokat, és egy fakanál hátával pépesítjük). Egy kis tálban keverje össze a zúzott koriandermagot, a citromhéjat, 1½ teáskanál chilit és a kakukkfüvet; tedd félre.

2. Távolítsa el a hálót a báránysültről, ha van. Forgassa meg a sülteket egy munkalapon zsíros oldalával lefelé. A fűszerkeverék felét szórjuk a húsra; dörzsölje meg az ujjaival. Tekerjük fel a sülteket, és kössük meg négy-hat darab 100% pamut konyhai zsinórral. Szórja meg a maradék fűszerkeveréket a sült külső felületére, enyhén nyomja meg, hogy összetapadjon.

3. A szenes grillhez helyezzen közepesen forró parazsat egy csepegtetőedény köré. Tesztelje a közepes lángot a serpenyőn. A lecsepegtetett forgácsot szórjuk a parazsat. Helyezze a báránysültet a grillrácsra a csepegtetőtál fölé. Fedjük le és füstöljük 40-50 percig közepesen (145°F). (Gázgrillel előmelegítjük. Csökkentse a hőt közepesre. Indirekt főzéshez állítsa be. Füstölje meg a fentiek szerint, kivéve a lecsepegtetett faforgács hozzáadását a gyártó utasításai szerint.) Lazán takarja le a sülteket alufóliával. Szeletelés előtt 10 percig állni hagyjuk.

4. Közben a spárga fás végeit levágjuk. Egy nagy tálban keverje össze a spárgát olívaolajjal és ¼ teáskanál borssal. Helyezze a spárgát a grill külső szélére, közvetlenül a parázsra és merőlegesen a grillrácsra. Fedjük le és süssük 5-6 percig, amíg ropogós nem lesz. Facsarjunk citromszeleteket a spárgára.

5. Távolítsa el a zsinórt a báránysültről, és vágja vékonyra a húst. A húst a grillezett spárgával tálaljuk.

BÁRÁNYPÖRKÖLT

KÉSZÍTMÉNY:30 perc főzés: 2 óra 40 perc: 4 adag

MELEGÍTSE FEL EZZEL A FINOM RAKOTT ÉTELLELEGY ŐSZI VAGY TÉLI ÉJSZAKA. A PÖRKÖLTET BÁRSONYOS, DIJONI MUSTÁRRAL, KESUDIÓKRÉMMEL ÉS METÉLŐHAGYMÁVAL ÍZESÍTETT ZELLERGYÖKÉR-PETREZSELYEMPÜRÉVEL TÁLALJUK. MEGJEGYZÉS: A ZELLER GYÖKERÉT NÉHA ZELLERNEK IS NEVEZIK.

10 fekete paprika

6 zsályalevél

3 egész szegfűbors

2 db 2 hüvelykes csík narancshéj

2 kiló csont nélküli báránylapocka

3 evőkanál olívaolaj

2 közepes hagyma, durvára vágva

1 14,5 uncia kockára vágott paradicsom hozzáadott só nélkül, lecsepegtetés nélkül

1½ csésze marhacsontleves (lásd az ábrát).Leírás) vagy sózatlan húsleves

¾ csésze száraz fehérbor

3 nagy gerezd fokhagyma, összetörve és meghámozva

2 font zellergyökér, meghámozva és 1 hüvelykes kockákra vágva

6 közepes paszternák, meghámozva és 1 hüvelykes szeletekre vágva (kb. 2 font)

2 evőkanál olívaolaj

2 evőkanál kesudiókrém (lásd az ábrát).Leírás)

1 evőkanál Dijon stílusú mustár (lásdLeírás)

¼ csésze apróra vágott metélőhagyma

1. Vágjon egy 7 hüvelykes négyzet alakú sajtkendőt a díszítő csokorhoz. Helyezzen fekete borsot, zsályát, szegfűborsot és narancshéjat a sajtkendő közepére. Emelje meg a sajtkendő sarkait, és kösse szorosan tiszta, 100% pamut konyhai zsinórral. Tedd félre.

2. Vágja le a zsírt a báránylapockáról; Vágja a bárányt 1 hüvelykes darabokra. Melegíts fel 3 evőkanál olívaolajat egy holland sütőben, közepes lángon. Ha szükséges, a bárányt darabokra vágva süssük meg forró olajban, amíg meg nem barnul; Vegye ki a serpenyőből és tartsa melegen. Adjunk hozzá hagymát a serpenyőbe; Süssük 5-8 percig, vagy amíg megpuhul és enyhén megpirul. Adjuk hozzá a bouquet garnit, a ki nem szárított paradicsomot, 1¼ csésze marhacsontlevest, a bort és a fokhagymát. Forraljuk fel; csökkentse a hőt. Fedővel 2 órán át főzzük, időnként megkeverve. Távolítsa el és dobja ki a bouquet garnit.

3. Közben a zeller gyökeret és a paszternákot a püréhez tedd egy nagy serpenyőbe; lefedjük vízzel. Forraljuk fel közepesen magas lángon; minimalizálja a hőt. Fedjük le, és lassú tűzön pároljuk 30-40 percig, vagy amíg a zöldségek villával megszúrva nagyon megpuhulnak. Kisülés; a zöldségeket aprítógépbe tesszük. Adjunk hozzá maradék ¼ csésze marhacsontlevest és 2 evőkanál olajat; Pörgessen addig, amíg a cefre majdnem sima, de még mindig állaga marad, álljon meg egyszer-kétszer, hogy megkaparja a széleit. Tegye át a pürét egy tálba. Keverje hozzá a kesudiókrémet, a mustárt és a metélőhagymát.

4. Tálaláskor a pürét négy tálba osztjuk; Tetejét báránypörkölttel.

BÁRÁNYPÖRKÖLT ZELLERGYÖKÉR TÉSZTÁVAL

KÉSZÍTMÉNY:30 perces főzés: 1 óra 30 perc: 6 adag

A ZELLER GYÖKÉR TELJESEN MÁSEBBEN A PÖRKÖLTBEN TÖBB FORDUL ELŐ, MINT A BÁRÁNYOS RAKOTTBAN (LÁSD AZ ÁBRÁT).LEÍRÁS). A MANDOLIN SZELETELŐ SEGÍTSÉGÉVEL NAGYON VÉKONY CSÍKOKAT KÉSZÍTENEK A SZÁRBÓL, AMELYEK ÉDES ÉS DIÓS ÍZŰEK. A TÉSZTÁT SERPENYŐBEN PUHÁRA FŐZZÜK.

2 teáskanál citromfűszeres fűszerezés (lásd az ábrát).Leírás)

1½ font báránypörkölt hús 1 hüvelykes kockákra vágva

2 evőkanál olívaolaj

2 csésze apróra vágott hagyma

1 csésze apróra vágott sárgarépa

1 csésze apróra vágott retek

1 evőkanál darált fokhagyma (6 gerezd)

2 evőkanál sótlan paradicsompüré

½ csésze száraz vörösbor

4 csésze marhacsontleves (lásd az ábrát).Leírás) vagy sózatlan húsleves

1 babérlevél

2 csésze 1 hüvelykes kockára vágott sütőtök

1 csésze apróra vágott padlizsán

1 font zellergyökér, meghámozva

Apróra vágott friss petrezselyem

1. Melegítse elő a sütőt 250°F-ra. A citromfűszert egyenletesen szórjuk a bárányra. Enyhén átforgatjuk, hogy ellepje. Melegíts elő egy 6-8 literes holland sütőt közepesen magas lángon. Adjunk hozzá 1 evőkanál olívaolajat és a fűszerezett bárányhús felét a holland sütőbe. A húst

minden oldalról megsütjük forró olajban; Távolítsuk el a sülteket egy tányérra, és ismételjük meg a maradék báránnyal és olívaolajjal. Csökkentse a hőt közepesre.

2. Adjuk hozzá a hagymát, a sárgarépát és a fehérrépát az edénybe. Főzzük és keverjük a zöldségeket 4 percig; Adjuk hozzá a fokhagymát és a paradicsompürét, és főzzük még 1 percig. Adja hozzá a vörösbort, a marhacsontlevest, a babérlevelet, a fenntartott húst és a gyümölcsleveket az edénybe. Forraljuk fel a keveréket. Fedjük le a holland sütőt, és tegyük az előmelegített sütőbe. 1 órán át főzzük. Belekeverjük a sütőtököt és a padlizsánt. Visszatesszük a sütőbe, és további 30 percig sütjük.

3. Amíg a rakott a sütőben van, egy mandolin segítségével nagyon vékonyra szeleteljük a zellergyökeret. Vágja a zellergyökér szeleteket ½ hüvelyk széles csíkokra. (Körülbelül 4 csésze kell.) Keverje el a zeller gyökerét a rakottban. Körülbelül 10 percig főzzük, vagy puhára. Tálalás előtt távolítsa el és dobja ki a babérlevelet. Minden adagot megszórunk apróra vágott petrezselyemmel.

FRANCIA BÁRÁNYSZELET GRÁNÁTALMÁS-DATOLYÁS CHUTNEYVAL

KÉSZÍTMÉNY: 10 perc főzés: 18 perc hűtés: 10 perc főzés: 4 adag

A "FRANCIA" KIFEJEZÉS EGY BORDACSONTRA UTAL. A ZSÍRT, A HÚST ÉS A KÖTŐSZÖVETET ÉLES KÉSSEL TÁVOLÍTOTTÁK EL. VONZÓ BEMUTATÓT BIZTOSÍT. KÉRJE MEG HENTESÉT, HOGY KÉSZÍTSE EL, VAGY ELKÉSZÍTHETI SAJÁT MAGA IS.

CHUTNEY
½ csésze cukrozatlan gránátalmalé

1 evőkanál friss citromlé

1 mogyoróhagyma meghámozva és vékonyan karikákra szeletelve

1 teáskanál finomra reszelt narancshéj

⅓ csésze apróra vágott Medjool datolya

¼ teáskanál őrölt pirospaprika

¼ csésze gránátalma mag*

1 evőkanál olívaolaj

1 evőkanál apróra vágott friss olasz (lapos levelű) petrezselyem

BÁRÁNYBORDA
2 evőkanál olívaolaj

8 francia báránybordaszelet

1. A chutney-hoz egy kis lábasban összekeverjük a gránátalma levét, a citromlevet és a medvehagymát. Forraljuk fel; csökkentse a hőt. Fedővel 2 percig forraljuk. Adjuk hozzá a narancshéjat, a datolyát és a törött pirospaprikát. Hagyjuk állni, amíg kihűl, körülbelül 10 percig. Keverjük össze a gránátalma magokat, 1 evőkanál olívaolajat és a petrezselymet. Tálalásig szobahőmérsékleten hagyjuk.

2. A karajhoz hevíts fel 2 evőkanál olívaolajat egy nagy serpenyőben, közepes lángon. Tegye a karajokat a serpenyőbe, és 6-8 percig főzzük közepesen ritka hőmérsékleten (145°F), egyszer megforgatva. A legjobb karaj chutneyval.

*Megjegyzés: A friss gránátalma és magvai vagy magjai októbertől februárig kaphatók. Ha nem találja őket, használjon cukrozatlan szárított magvakat, hogy ropogóssá tegye a chutney-t.

CHIMICHURRI BÁRÁNYKARAJ KARAJ PIRÍTOTT RADICCHIO SALÁTÁVAL

KÉSZÍTMÉNY: 30 perc pácolás: 20 perc főzés: 20 perc főzés: 4 adag

ARGENTÍNÁBAN A CHIMICHURRI A LEGNÉPSZERŰBB FŰSZER. AZ ORSZÁG HÍRES GAUCHO STÍLUSÚ GRILLEZETT STEAKJE MELLÉ KERÜL. SOKFÉLE VARIÁCIÓ LÉTEZIK, DE A SŰRŰ FŰSZERES SZÓSZT ÁLTALÁBAN PETREZSELYEM, KORIANDER VAGY KAKUKKFŰ, MEDVEHAGYMA ÉS/VAGY FOKHAGYMA, TÖRT PAPRIKA, OLÍVAOLAJ ÉS VÖRÖSBORECET KÖRÉ KÉSZÍTIK. GRILLEZETT STEAKHEZ NAGYSZERŰ, DE SÜLT VAGY SERPENYŐBEN SÜLT BÁRÁNYSZELETEKHEZ, CSIRKEHÚSHOZ ÉS SERTÉSHÚSHOZ EGYARÁNT KIVÁLÓ.

8 báránykaraj szelet, 1 hüvelyk vastagra vágva

½ csésze Chimichurri szósz (lásd.Leírás)

2 evőkanál olívaolaj

1 édes hagyma félbevágva és felszeletelve

1 teáskanál köménymag, zúzott*

1 gerezd fokhagyma, felaprítva

1 fej radicchio, kimagozva és vékony csíkokra szeletelve

1 evőkanál balzsamecet

1. Tegye a bárányszeleteket egy extra nagy tálba. Meglocsoljuk 2 evőkanál Chimichurri szósszal. Az ujjaival dörzsölje át a szószt az egyes darabok teljes felületén. Pácold be a szeleteket 20 percig szobahőmérsékleten.

2. Ezalatt a pirított radicchio salátához hevíts fel 1 evőkanál olívaolajat egy nagyon nagy serpenyőben. Adjunk hozzá hagymát, köménymagot és fokhagymát; Főzzük gyakran kevergetve 6-7 percig, vagy amíg a hagyma megpuhul.

Add radicchio; Főzzük 1-2 percig, vagy amíg a radicchio kissé megfonnyad. Tegye át a káposztát egy nagy tálba. Adjunk hozzá balzsamecetet, és jól keverjük össze. Fedjük le és tartsuk melegen.

3. Törölje le a serpenyőt. Adjuk hozzá a maradék 1 evőkanál olívaolajat a serpenyőbe, és melegítsük közepesen magas lángon. Adjuk hozzá a bárányszeleteket; mérsékelje a hőt közepesre. Főzzük 9-11 percig, vagy a kívánt készre, időnként megforgatva a szeleteket csipesszel.

4. A karajokat a káposztasalátával és a maradék Chimichurri szósszal tálaljuk.

*Megjegyzés: mozsártörővel törje össze a köménymagot, vagy tegye a magokat vágódeszkára, és pépesítse séfkéssel.

SZARDELLA ÉS ZSÁLYA DÖRZSÖLT BÁRÁNYSZELET SÁRGARÉPA-ÉDESBURGONYA REMULÁDÉVAL

KÉSZÍTMÉNY: Hűtés 12 percig: Grillezés 1-2 óráig: 6 perc: 4 adag

HÁROMFÉLE BÁRÁNYSZELET LÉTEZIK. A VASTAG ÉS ZAMATOS FILÉ ÚGY NÉZ KI, MINT A KIS T-BONE STEAK. AZ ITT EMLÍTETT BORDASZELET A BÁRÁNYBORDÁK KÖZÖTTI VÁGÁSSAL KÉSZÜL. NAGYON ÉRZÉKENYEK, ÉS HOSSZÚ, VONZÓ CSONTJUK VAN AZ OLDALUKON. ÁLTALÁBAN RÁNTVA VAGY GRILLEZVE TÁLALJÁK. A PÉNZTÁRCABARÁT LAPOCKA KISSÉ ZSÍROS ÉS KEVÉSBÉ PUHA, MINT A MÁSIK KÉT TÍPUS. A LEGJOBB SÜTNI, MAJD BORBAN, HÚSLEVESBEN ÉS PARADICSOMBAN VAGY EZEK KOMBINÁCIÓJÁBAN MEGFŐZNI.

3 közepes sárgarépa durvára vágva

2 kis édesburgonya, juliens* vagy durvára vágva

½ csésze Paleo Mayo (lásd Leírás)

2 evőkanál friss citromlé

2 teáskanál Dijon stílusú mustár (lásd Leírás)

2 evőkanál apróra vágott friss petrezselyem

½ teáskanál fekete bors

8 báránybordaszelet, fél-¾ hüvelyk vastagra vágva

2 evőkanál apróra vágott friss zsálya vagy 2 teáskanál szárított zsálya, összetörve

2 teáskanál ancho chile paprika

½ teáskanál fokhagymapor

1. A Remoulade készítéséhez keverje össze a sárgarépát és az édesburgonyát egy közepes tálban. Egy kis tálban keverjük össze a Paleo Mayo-t, a citromlevet, a Dijon stílusú mustárt, a petrezselymet és a borsot. Öntsük rá a

sárgarépát és az édesburgonyát; dobja le a kabátot. Fedjük le és tegyük hűtőbe 1-2 órára.

2. Közben egy kis tálban keverje össze a zsályát, az ancho chile-t és a fokhagymaport. Dörzsölje a fűszerkeveréket a bárányszeletekre.

3. Faszén- vagy gázsütéshez helyezze a bárányszeletet közvetlenül a grillrácsra közepes lángon. Fedjük le és grillezzük 6–8 percig közepes (145 °F) vagy 10–12 percig közepes (150 °F) esetén, egyszer megfordítva a grill felénél.

4. A báránybordát a remuládéval tálaljuk.

*Megjegyzés: Használjon julienne hegyű mandolint az édesburgonya vágásához.

BÁRÁNYSZELET MOGYORÓHAGYMÁVAL, MENTÁVAL ÉS KAKUKKFŰVEL

KÉSZÍTMÉNY:Pácolás 20 percig: Pörkölés 1-24 óráig: Grillezés 40 percig: 12 perc: 4 adag

A LEGTÖBB PÁCOLT HÚSHOZ HASONLÓANMINÉL TOVÁBB HAGYJA ÁLLNI A FŰSZERNÖVÉNYT A BÁRÁNYBORDA FŐZÉSE ELŐTT, ANNÁL FINOMABB LESZ. EZ ALÓL EGY KIVÉTEL VAN, EZ PEDIG AZ, HA OLYAN PÁCOT HASZNÁL, AMELY ERŐSEN SAVAS ÖSSZETEVŐKET, PÉLDÁUL CITRUSLEVET, ECETET ÉS BORT TARTALMAZ. HA TÚL SOKÁIG HAGYJA A HÚST SAVAS PÁCBAN, AKKOR SZÉTESIK ÉS PÉPES LESZ.

BÁRÁNY
- 2 evőkanál finomra vágott medvehagyma
- 2 evőkanál finomra vágott friss menta
- 2 evőkanál finomra vágott friss kakukkfű
- 5 teáskanál mediterrán fűszer (lásdLeírás)
- 4 teáskanál olívaolaj
- 2 gerezd fokhagyma, felaprítva
- 8 báránybordaszelet, körülbelül 1 hüvelyk vastagra vágva

SALÁTA
- ¾ font bébi cékla, vágva
- 1 evőkanál olívaolaj
- ¼ csésze friss citromlé
- ¼ csésze olívaolaj
- 1 evőkanál finomra vágott medvehagyma
- 1 teáskanál Dijon stílusú mustár (lásdLeírás)
- 6 csésze vegyes zöldek
- 4 teáskanál apróra vágott metélőhagyma

1. A bárányhúshoz egy kis tálban keverjünk össze 2 evőkanál medvehagymát, mentát, kakukkfüvet, 4 evőkanál mediterrán fűszert és 4 evőkanál olívaolajat. Dörzsölje az egész bárányszeletet; dörzsölje meg az ujjaival. Tegye a szeleteket egy tányérra; Fedjük le műanyag fóliával, és tegyük hűtőszekrénybe legalább 1 órára, vagy legfeljebb 24 órára, hogy bepácolódjon.

2. A salátához melegítse elő a sütőt 400°F-ra. Jól megkenjük a céklát; szeletekre vágjuk. 2 literes tepsibe tesszük. Meglocsoljuk 1 evőkanál olívaolajjal. Fedjük le a formát fóliával. Süssük körülbelül 40 percig, vagy amíg a cékla megpuhul. Hűtsük le teljesen. (A céklát akár 2 nappal előre is lehet sütni.)

3. Egy csavaros tégelyben keverje össze a citromlevet, ¼ csésze olívaolajat, 1 evőkanál mogyoróhagymát, dijoni stílusú mustárt és a maradék 1 teáskanál mediterrán fűszert. Fedjük le és jól rázzuk össze. Keverje össze a céklát és a zöldeket egy salátástálban; Felöntjük salátaöntettel.

4. Faszén- vagy gázgrillhez helyezze a szeleteket közvetlenül az olajozott grillrácsra közepes lángon. Fedjük le és grillezzük a kívánt állagúra, a grill felénél egyszer fordítsuk meg. Várjon 12-14 percet közepesen ritka (145°F) vagy 15-17 percet közepes (160°F) esetén.

5. Tálaláshoz tegyünk 2 bárányszeletet és némi salátát 4 tálalótányérra. Megszórjuk metélőhagymával. Adja hozzá a maradék salátalevet.

PIROSPAPRIKÁVAL TÖLTÖTT BÁRÁNYBURGER

KÉSZÍTMÉNY: 20 perc állás: 15 perc grillezés: 27 perc: 4 adag

A COULIS NEM MÁS, MINT EGY EGYSZERŰ, SIMA SZÓSZ. PRÉSELT GYÜMÖLCSBŐL VAGY ZÖLDSÉGBŐL KÉSZÜL. A FÉNYES ÉS GYÖNYÖRŰ PAPRIKASZÓSZ EZEKHEZ A BÁRÁNYBURGEREKHEZ DUPLA ADAG FÜSTÖT ÉS EGY ADAG FÜSTÖLT PAPRIKÁT KAP.

HÚSGOMBÓC PIROSPAPRIKÁVAL

- 1 nagy piros édes paprika
- 1 evőkanál száraz fehérbor vagy fehérborecet
- 1 teáskanál olívaolaj
- ½ teáskanál füstölt paprika

BURGEREK

- ¼ csésze kockára vágott kénmentes szárított paradicsom
- ¼ csésze reszelt cukkini
- 1 evőkanál apróra vágott friss bazsalikom
- 2 teáskanál olívaolaj
- ½ teáskanál fekete bors
- 1,5 font őrölt bárányhús
- 1 tojásfehérje enyhén felverve
- 1 evőkanál mediterrán fűszer (lásd<u>Leírás</u>)

1. A chili szószhoz helyezze a paprikát közvetlenül a grillrácsra közepes lángon. Fedjük le, és grillezzük 15-20 percig, vagy amíg elszenesedik és nagyon puhára, 5 percenként fordítsuk meg a paprikát, hogy mindkét oldala elszenesedjen. Vegyük le a grillről, és azonnal tegyük papírzacskóba vagy fóliába, hogy a paprika teljesen lezárja. Hagyja állni 15 percig, vagy amíg kellően lehűl a

kezeléshez. Éles késsel óvatosan húzza meg és dobja ki a bőrt. A paprikát hosszában negyedelje, és távolítsa el a szárát, magját és hártyáját. Aprítógépben keverjük össze a sült paprikát, a bort, az olívaolajat és a füstölt paprikát. Fedjük le és dolgozzuk fel vagy turmixoljuk simára.

2. Közben a töltelékhez való szárított paradicsomot egy kis tálkába tesszük, és felöntjük forrásban lévő vízzel. hagyja 5 percig; kisülés. A paradicsomot és a reszelt cukkinit papírtörlővel szárítsa meg. Keverje össze a paradicsomot, a cukkinit, a bazsalikomot, az olívaolajat és a ¼ teáskanál fekete borsot egy kis tálban; tedd félre.

3. Egy nagy tálban keverje össze a darált bárányhúst, a tojásfehérjét, a maradék ¼ teáskanál fekete borsot és a mediterrán fűszert; jól összekeverni. Osszuk a húskeveréket nyolc egyenlő részre, és formáljunk mindegyikből ¼ hüvelyk vastag pogácsát. Négy fasírthoz kanállal; A tetejét megkenjük a maradék húsgombóccal, és a széleit összecsípjük, hogy a tölteléket lezárjuk.

4. Helyezze a húsgombócokat közvetlenül a grillrácsra közepes lángon. Fedjük le és grillezzük 12-14 percig, vagy amíg kész (160°F), a grillezés felénél egyszer fordítsuk meg.

5. Chilis hamburgerek tálalásához.

DUPLA KAKUKKFÜVES BÁRÁNYKABOB TZATZIKI SZÓSSZAL

SZOPNI:30 perc elkészítés: 20 perc hűtés: 30 perc grillezés: 8 perc készítés: 4 adag

EZEK A BÁRÁNYKEBABOK VALÓJÁBANA FÖLDKÖZI-TENGEREN ÉS A KÖZEL-KELETEN HÚSGOMBÓCKÉNT ISMERT FŰSZEREZETT MARHAHÚSBÓL (ÁLTALÁBAN BÁRÁNY- VAGY MARHAHÚSBÓL) GOLYÓKAT VAGY NYÁRSON FORMÁLNAK, MAJD GRILLEZNEK. A FRISS ÉS SZÁRÍTOTT KAKUKKFŰ CSODÁLATOS GÖRÖG ÍZT AD NEKIK.

8 db 10 hüvelykes fa nyárs

BÁRÁNY KEBAB

1,5 kiló sovány bárány

1 kisebb hagyma, lereszelve és szárazra kinyomkodva

1 evőkanál apróra vágott friss kakukkfű

2 teáskanál szárított kakukkfű, összetörve

1 teáskanál fekete bors

CACIK SZÓSZ

1 csésze Paleo Mayo (lásdLeírás)

½ nagy uborka, a magokat eltávolítjuk, lereszeljük és szárazra nyomkodjuk

2 evőkanál friss citromlé

1 gerezd fokhagyma, felaprítva

1. Áztasd be a nyársakat annyi vízbe, hogy 30 percre ellepje.

2. Báránykebabhoz keverje össze a báránydarált, hagymát, friss és szárított kakukkfüvet és borsot egy nagy tálban; jól összekeverni. Osszuk a báránykeveréket nyolc egyenlő részre. Formáljon minden darabot egy nyárs fele körül, és hozzon létre egy 5 × 1 hüvelykes rönköt. Fedjük le és tegyük hűtőbe legalább 30 percre.

3. Eközben a Tzatziki szószhoz keverje össze a Paleo Mayo-t, az uborkát, a citromlevet és a fokhagymát egy kis tálban. Lefedve hűtőbe tesszük tálalásig.

4. Faszén- vagy gázgrillhez helyezze a báránykebabot közvetlenül a grillrácsra közepes lángon. Fedjük le és grillezzük kb. 8 percig közepesen (160°F), a grill felénél egyszer fordítsuk meg.

5. Tálaljuk a báránykebabot Tzatziki szósszal.

SÜLT CSIRKE SÁFRÁNNYAL ÉS CITROMMAL

KÉSZÍTMÉNY:Hűtés 15 percig: Sütés 8 óra: Állás 1 óra 15 perc: 10 perc: 4 adag

SÁFRÁNYOS SZÁRÍTOTT PORZÓEGYFAJTA KRÓKUSZVIRÁG. DRÁGA, DE EGY KICSIT SOKRA MEGY. FÖLDES, JELLEGZETES ÍZT ÉS GYÖNYÖRŰ SÁRGA ÁRNYALATOT KÖLCSÖNÖZ ENNEK A ROPOGÓS BŐRŰ SÜLT CSIRKÉNEK.

1 4-5 kiló egész csirke

3 evőkanál olívaolaj

6 gerezd fokhagyma, összetörve és meghámozva

1½ evőkanál finomra vágott citromhéj

1 evőkanál friss kakukkfű

1½ teáskanál tört fekete bors

½ teáskanál sáfrány cérna

2 babérlevél

1 citrom negyedelve

1. Távolítsa el a csirkéből a nyakat és a belsőséget; Dobja el vagy őrizze meg más célra. Öblítse le a csirke testüregét; Papírtörlővel töröljük szárazra. Vágja le a felesleges bőrt vagy zsírt a csirkéről.

2. Egy robotgépben keverje össze az olívaolajat, a fokhagymát, a citromhéjat, a kakukkfüvet, a borsot és a sáfrányt. Folyamatosan sima pasztát képezzen.

3. Az ujjaival dörzsölje be a masszát a csirke külső felületébe és belső üregébe. Tegye át a csirkét egy nagy tálba; letakarva legalább 8 órára vagy egy éjszakára hűtőbe tesszük.

4. Melegítse elő a sütőt 425°F-ra. Tegyünk citromszeleteket és babérleveleket a csirkék üregébe. Kösse össze a lábakat 100% pamut konyhai zsinórral. Tedd a szárnyakat a csirke alá. Helyezzen egy sült hús hőmérőt a comb belső izomzatába anélkül, hogy megérintené a csontot. A csirkét egy nagy serpenyőben lévő rácsra tesszük.

5. 15 percig sütjük. Csökkentse a sütő hőmérsékletét 375 °F-ra. Süssük még körülbelül 1 órán át, vagy amíg a lé el nem fogy, és a hőmérő 175°F-ot nem mutat. Sátor csirke fóliával. Hagyjuk állni 10 percig, mielőtt faragnánk.

SPATCHCOCKED CSIRKE JICAMA SALÁTÁVAL

KÉSZÍTMÉNY: Grillezés 40 percig: 1 óra 5 perc várakozás: 10 perc: 4 adag

A "SPATCHCOCK" EGY RÉGI FŐZÉSI KIFEJEZÉSEZT MOSTANÁBAN ISMÉT HASZNÁLJÁK ANNAK LEÍRÁSÁRA, HOGY EGY KIS MADARAT (PÉLDÁUL CSIRKÉT VAGY KUKORICACSIRKÉT) KETTÉ KELL OSZTANI A HÁTULJÁRÓL, MAJD KINYITJÁK ÉS ELLAPÍTJÁK, MINT EGY KÖNYVET, HOGY GYORSABBAN ÉS EGYENLETESEBBEN FŐZHESSEN.. HASONLÓ A LEPKÉKHEZ, DE CSAK A BAROMFIHOZ ALKALMAZHATÓ.

CSIRKE

- 1 poblano chile
- 1 evőkanál finomra vágott medvehagyma
- 3 gerezd fokhagyma, felaprítva
- 1 teáskanál finomra vágott citromhéj
- 1 teáskanál finomra vágott lime héja
- 1 teáskanál Smoky Spice (lásd Leírás)
- ½ teáskanál szárított kakukkfű, összetörve
- ½ teáskanál őrölt kömény
- 1 evőkanál olívaolaj
- 1 3-3,5 kilós egész csirke

KÁPOSZTASALÁTA

- ½ közepes jicama, meghámozva és julienne csíkokra vágva (kb. 3 csésze)
- ½ csésze vékonyra szeletelt újhagyma (4)
- 1 Granny Smith alma, meghámozva, kimagozva és julienne csíkokra vágva
- ⅓ csésze apróra vágott friss koriander
- 3 evőkanál friss narancslé
- 3 evőkanál olívaolaj
- 1 teáskanál citromfűszeres fűszer (lásd Leírás)

1. A faszén grillhez helyezzen közepesen forró parazsat a grill egyik oldalára. Helyezzen egy cseppedényt a grill üres oldala alá. Helyezze a poblano-t grillrácsra, közvetlenül közepes szén fölé. Fedjük le, és grillezzük, időnként megforgatva, 15 percig, vagy amíg a poblano minden oldala megpirul. A poblano-t azonnal csomagolja be fóliába; Várjon 10 percet. Nyissa ki a fóliát, és vágja félbe a poblano-t hosszában; távolítsa el a szárat és a magokat (lásd az ábrát).Nyom). Éles késsel finoman hámozzuk le és dobjuk ki a bőrt. A poblanot apróra vágjuk. (Gázgrillnél melegítse elő a grillt; csökkentse a hőt közepesre. Indirekt sütéshez állítsa be. A fentiek szerint grillezzen nyitott égőn.)

2. Egy kis edényben keverje össze a poblano-t, a mogyoróhagymát, a fokhagymát, a citromhéjat, a citromhéjat, a füstös fűszerezést, a kakukkfüvet és a köményt. keverjük össze az olajban; Jól keverjük össze, hogy pasztát kapjunk.

3. Távolítsa el a csirke nyakát és belsőégét a csirke kakilásához (tartsa meg egy másik felhasználásra). Helyezze a csirkemellel lefelé egy vágódeszkára. Konyhai ollóval vágja le a gerinc egyik oldalát hosszában, a nyak végétől kezdve. Ismételje meg a hosszanti vágást a gerinc másik oldalán. Távolítsa el és dobja el a gerincet. Fordítsa fel a csirke bőrét. Nyomja meg a mellek közé, hogy a mellcsont eltörjön, így a csirke laposan feküdjön.

4. A nyaktól kezdve a mellkas egyik oldaláig csúsztassa ujjait a bőr és a hús közé, lazítsa meg a bőrt, miközben a comb felé halad. Engedje el a bőrt a comb körül. Ismételje meg a

másik oldalon. Dörzsölje át vele a húst a csirke bőre alatt az ujjaival.

5. Helyezze a csirkét mellfelével lefelé a grillrácsra a csepegtetőtál fölé. Súly két fóliába csomagolt téglával vagy egy nagy öntöttvas serpenyővel. Fedjük le és grillezzük 30 percig. A csirkemellet csontos felével lefelé fordítsa rácsra, mérje le újra téglával vagy serpenyővel. Lefedve grillezzük még körülbelül 30 percig, vagy amíg a csirke már nem rózsaszínű lesz (175°F a combizomnál). Távolítsa el a csirkét a grillről; Várjon 10 percet. (Gázgrillezésnél a csirkét grillrácsra helyezzük, távol a tűztől. Grillsütjük a fentiek szerint.)

6. Közben a káposztasalátához egy nagy tálban keverjük össze a jicamát, a mogyoróhagymát, az almát és a koriandert. Egy kis tálban keverjük össze a narancslevet, az olajat és a citromfűszert. Öntsük rá a jicama keveréket, és dobjuk bevonni. A csirkét káposztasalátával tálaljuk.

SÜLT CSIRKE PULYKA VODKÁVAL, SÁRGARÉPÁVAL ÉS PARADICSOMSZÓSSZAL

KÉSZÍTMÉNY:15 percig sütjük: 15 percig sütjük: 30 percig sütjük: 4 adag

A VODKA TÖBBFÉLE FAJTÁBÓL KÉSZÍTHETŐ.KÜLÖNBÖZŐ ÉLELMISZEREK, BELEÉRTVE A BURGONYÁT, A KUKORICÁT, A ROZST, A BÚZÁT ÉS AZ ÁRPÁT, SŐT A SZŐLŐT IS. BÁR NEM LESZ SOK VODKA EBBEN A SZÓSZBAN, HA NÉGY ADAGRA OSZTJA, NÉZZE MEG, HOGY A BURGONYÁBÓL VAGY SZŐLŐBŐL KÉSZÜLT VODKA PALEO-KOMPATIBILIS.

3 evőkanál olívaolaj

4 csontos csirkecomb vagy húsos csirkedarab, meghámozva

1 28 uncia sózatlan szilvaparadicsom, lecsepegtetve

½ csésze finomra vágott hagyma

½ csésze finomra vágott sárgarépa

3 gerezd fokhagyma, felaprítva

1 teáskanál mediterrán fűszer (lásdLeírás)

⅛ teáskanál cayenne bors

1 szál friss rozmaring

2 evőkanál vodka

1 evőkanál apróra vágott friss bazsalikom (elhagyható)

1. Melegítse elő a sütőt 375°F-ra. Melegítsünk fel 2 evőkanál olajat egy extra nagy serpenyőben közepesen magas lángon. adjunk hozzá csirkét; Körülbelül 12 percig sütjük, vagy amíg meg nem pirul, egyenletesen barnul. Helyezze a serpenyőt az előmelegített sütőbe. Fedő nélkül 20 percig sütjük.

2. Közben a szószhoz konyhai ollóval szeleteljük fel a paradicsomot. Melegítsük fel a maradék 1 evőkanál olajat egy közepes serpenyőben, közepes lángon. Adjunk hozzá hagymát, sárgarépát és fokhagymát; Főzzük gyakran kevergetve 3 percig, vagy amíg megpuhul. Hozzákeverjük a felkockázott paradicsomot, a mediterrán fűszert, a paprikát és a rozmaring ágat. Forraljuk fel közepesen magas lángon; csökkentse a hőt. Fedővel 10 percig főzzük, időnként megkeverve. keverje össze a vodkát; főzzük további 1 percig; Távolítsa el a rozmaring ágat, és dobja ki.

3. Öntsük a szószt a serpenyőben lévő csirkére. Tegye vissza a serpenyőt a sütőbe. Lefedve sütjük még körülbelül 10 percig, vagy amíg a csirke megpuhul, és már nem rózsaszín. Ízlés szerint megszórjuk bazsalikommal.

POULET RÔTI ÉS RUTABAGA FRITES

KÉSZÍTMÉNY:40 perces főzés: 40 perc: 4 adag

A ROPOGÓS RUTABAGA KRUMPLI FINOMSÜLT CSIRKÉVEL ÉS A HOZZÁ TARTOZÓ FŐZŐLEVEKKEL TÁLALJÁK – DE ÖNMAGUKBAN KÉSZÜLNEK, ÉS PALEO KETCHUPPAL TÁLALJÁK.LEÍRÁS) VAGY BELGA MÓDRA PALEO AÏOLIVAL (FOKHAGYMÁS MAJONÉZ, VÖ.LEÍRÁS).

6 evőkanál olívaolaj

1 evőkanál mediterrán fűszer (lásdLeírás)

4 csontos csirkecomb, bőrrel (összesen kb. 1¼ font)

4 csirkecomb, bőrrel (összesen kb. 1 font)

1 pohár száraz fehérbor

1 csésze csirke csontleves (lásdLeírás) vagy sózatlan csirkehúsleves

1 kisebb hagyma, negyedelve

olivaolaj

1½-2 font fehérrépa

2 evőkanál apróra vágott friss koriander

Fekete bors

1. Melegítse elő a sütőt 400°F-ra. Egy kis tálban keverj össze 1 evőkanál olívaolajat és mediterrán fűszert; Csirkedarabokra dörzsöljük. Egy nagyon nagy serpenyőben felforrósítunk 2 evőkanál olajat. Hozzáadjuk a csirkedarabokat húsos oldalukkal lefelé. Süssük fedő nélkül körülbelül 5 percig, vagy amíg aranybarna nem lesz. Vegyük le a serpenyőt a tűzről. Fordítsuk meg a csirkedarabokat úgy, hogy a barnás oldaluk felfelé nézzen. Adjuk hozzá a bort, a csirkehúslevest és a hagymát.

2. Helyezze a serpenyőt a sütő középső rácsára. Fedő nélkül 10 percig főzzük.

3. Közben egy nagy tepsit enyhén kikenünk olívaolajjal; tedd félre. Hámozzuk meg a rutabagákat. Éles késsel vágja a fehérrépát ½ hüvelykes szeletekre. Vágja a szeleteket hosszában ½ hüvelykes csíkokra. Egy nagy tálban dobja meg a rutabaga csíkokat a maradék 3 evőkanál olajjal. Egy rétegben terítse el a rutabaga csíkokat az előkészített tepsire; helyezze a sütő felső polcára. főzzük 15 percig; Fordítsa meg a krumplit. Főzd a csirkét további 10 percig, vagy amíg már nem rózsaszínű (175°F). Vegye ki a csirkét a sütőből. Süssük a krumplit 5-10 percig, vagy amíg meg nem pirulnak és megpuhulnak.

4. Vegye ki a csirkét és a hagymát a serpenyőből, válassza el a levét. Fedjük le a csirkét és a hagymát, hogy melegen tartsuk. Forraljuk fel a levet közepes lángon; csökkentse a hőt. Fedő nélkül főzzük még körülbelül 5 percig, vagy amíg a lé kissé el nem fogy.

5. Tálaláskor sült krumplit keverjünk össze metélőhagymával, és fűszerezzük borssal. A csirkét a főzőlével és a sült krumplival tálaljuk.

TRIPLE MUSHROOM COQ AU VIN METÉLŐHAGYMÁVAL PÜRÉSÍTETT RUTABAGA

KÉSZÍTMÉNY:15 perces főzés: 1 óra 15 perc: 4-6 adag

HA HOMOK VAN A TARTÁLYBANA SZÁRÍTOTT GOMBÁK ÁZTATÁSA UTÁN, AMIT VALÓSZÍNŰLEG MEG IS TESZ, SZŰRJE LE A FOLYADÉKOT EGY DUPLA VASTAGSÁGÚ ZSEMLERONGYON, AMELYET EGY FINOM SZŰRŐBE HELYEZETT.

1 uncia szárított vargánya vagy morzsagomba

1 csésze forrásban lévő víz

2-2½ font csirkecomb és alsócomb, bőrrel

Fekete bors

2 evőkanál olívaolaj

2 közepes póréhagyma hosszában félbevágva, leöblítve és vékonyra szeletelve

2 portobello gomba, szeletelve

8 uncia friss laskagomba, száras és szeletelt vagy szeletelt friss gomba

¼ csésze sótlan paradicsompüré

1 teáskanál szárított majoránna, összetörve

½ teáskanál szárított kakukkfű, összetörve

½ csésze száraz vörösbor

6 csésze csirke csontleves (lásdLeírás) vagy sózatlan csirkehúsleves

2 babérlevél

2-2½ font fehérrépa, meghámozva és feldarabolva

2 evőkanál apróra vágott friss koriander

½ teáskanál fekete bors

vágott friss kakukkfű (elhagyható)

1. Egy kis tálban keverje össze a vargányát forrásban lévő vízzel; Várjon 15 percet. Távolítsa el a gombát, tartsa meg

az áztatófolyadékot. A gombát apróra vágjuk. A gombát és az áztatófolyadékot félretesszük.

2. A csirkét megszórjuk borssal. Egy extra nagy serpenyőben, szorosan záródó fedővel melegíts fel 1 evőkanál olívaolajat közepesen magas lángon. Süssük a csirkedarabokat két részletben a forró olajban körülbelül 15 percig, egyszer megforgatva, amíg enyhén megpirulnak. Vegye ki a csirkét a serpenyőből. Keverje hozzá a póréhagymát, a portobello gombát és a laskagombát. Időnként megkeverve főzzük 4-5 percig, vagy amíg a gomba barnulni kezd. Adjunk hozzá paradicsompürét, majoránnát és kakukkfüvet; Főzzük és keverjük 1 percig. Keverje hozzá a bort; Főzzük és keverjük 1 percig. Keverjen össze 3 csésze csirkehúslevest, babérlevelet, ½ csésze fenntartott gombaáztató folyadékot és rehidratált apróra vágott gombát. Tegye vissza a csirkét a serpenyőbe. Forraljuk fel; csökkentse a hőt. Zárt fedéllel főzzük körülbelül 45 percig, vagy amíg a csirke megpuhul,

3. Eközben keverje össze a rutabagát és a maradék 3 csésze vizet egy nagy serpenyőben. Ha szükséges, adjunk hozzá annyi vizet, hogy ellepje a fehérrépát. Forraljuk fel; csökkentse a hőt. Fedő nélkül főzzük 25-30 percig, vagy amíg a rutabaga megpuhul, időnként megkeverve. A rutabagákat lecsepegtetjük, a folyadékot elkülönítjük. Tegye vissza a rutabagákat az edénybe. Adjuk hozzá a maradék 1 evőkanál olívaolajat, a metélőhagymát és ½ teáskanál borsot. Burgonyanyomóval pépesítsük a rutabaga keveréket, adjunk hozzá annyi főzőfolyadékot, amennyi szükséges a kívánt állag eléréséhez.

4. Távolítsa el a babérleveleket a csirkehús keverékből; dobni. Tálaljuk a csirkét és a szószt a pépesített rutabaga felett. Ízlés szerint megszórjuk friss kakukkfűvel.

BARACK-PÁLINKÁS-MÁZAS BAGETTEK

KÉSZÍTMÉNY:Grillezés 30 percig: 40 perc: 4 adag

EZ A CSIRKECOMB TÖKÉLETESROPOGÓS KÁPOSZTASALÁTÁVAL ÉS FŰSZERES SÜTŐBEN SÜLT ÉDESBURGONYA KRUMPLIVAL A TUNÉZIAI FŰSZEREZÉSSEL BEDÖRZSÖLT SERTÉSLAPOCKA RECEPTJÉBŐL (LÁSD.LEÍRÁS). ITT LÁTHATÓAK EGY ROPOGÓS KÁPOSZTASALÁTÁVAL, RETEKKEL, MANGÓVAL ÉS MENTÁVAL (LÁSD ITT).LEÍRÁS).

BARACK-PÁLINKÁS MÁZ

1 evőkanál olívaolaj

½ csésze apróra vágott hagyma

2 friss közepes őszibarack, félbevágva, kimagozva és apróra vágva

2 evőkanál brandy

1 csésze barbecue szósz (lásdLeírás)

8 csirkecomb (összesen 2-2½ font), kívánság szerint meghámozva

1. A mázhoz az olívaolajat egy közepes serpenyőben, közepes lángon hevítsük fel. adjunk hozzá hagymát; Főzzük, időnként megkeverve, körülbelül 5 percig, vagy amíg megpuhul. Add hozzá az őszibarackot. Fedjük le, és időnként megkeverve főzzük 4-6 percig, vagy amíg az őszibarack megpuhul. Adjunk hozzá pálinkát; Fedő alatt 2 percig főzzük, időnként megkeverve. Kissé hűtsük le. Tegye át az őszibarack keveréket turmixgépbe vagy konyhai robotgépbe. Fedjük le és turmixoljuk vagy dolgozzuk simára. Adjunk hozzá BBQ szószt. Fedjük le és turmixoljuk vagy dolgozzuk simára. Tegye vissza a szószt az edénybe. Közepes-alacsony lángon addig főzzük, amíg át nem melegszik. Öntsön ¾ csésze szószt egy kis tálba,

hogy a csirkére kenje. A maradék szószt melegen tartjuk, hogy grillcsirke mellé tálaljuk.

2. A faszén grillezéshez helyezzen közepesen forró parazsat egy csepegtető serpenyő köré. Tesztelje a közepes hőt a csepegtetőtálcán. Helyezze a csirkecombokat a csepegtetőtál feletti grillrácsra. Fedjük le és grillezzük 40-50 percig, vagy amíg a csirke már nem rózsaszínű (175°F), fordítsa meg egyszer a grillezés felénél, és kenje meg ¾ csésze őszibarack-pálinkamázzal az utolsó 5-10 perces grillezéshez. (Gázgrillezésnél melegítse elő a grillt. Csökkentse a hőt közepesre. Közvetett főzéshez állítsa a hőt. Tegye a csirkecombokat a grillrácsra, amely nem haladja meg a hőt. Fedje le és grillezze az utasítások szerint.)

CHILÉBEN PÁCOLT CSIRKE MANGÓS-DINNYE SALÁTÁVAL

KÉSZÍTMÉNY: Hűtés/marine 40 percig: Grillezés 2-4 óráig: 50 perc: 6-8 adag

AZ ANCHO CHILE EGY SZÁRÍTOTT POBLANO.- ÉLÉNK, SÖTÉTZÖLD CHILI INTENZÍV FRISS ÍZZEL. AZ ANCHO CHILI ENYHÉN GYÜMÖLCSÖS ÍZŰ, ENYHÉN SZILVA VAGY MAZSOLA, ÉS CSAK EGY KIS KESERŰSÉG. AZ ÚJ-MEXIKÓI CHILI MÉRSÉKELTEN FORRÓ LEHET. EZEK AZOK A SÖTÉTVÖRÖS PAPRIKÁK, AMELYEKET A DÉLNYUGAT EGYES RÉSZEIN FELCSOMÓZVA ÉS RISTRA-BAN (SZÍNES SZÁRÍTOTT PIROSPAPRIKA-ELRENDEZÉSBEN) LÁTUNK.

CSIRKE

- 2 szárított új-mexikói chili
- 2 szárított ancho chili
- 1 csésze forrásban lévő víz
- 3 evőkanál olívaolaj
- 1 nagy édes hagyma, meghámozva és vastag szeletekre vágva
- 4 db roma paradicsom kimagozva
- 1 evőkanál darált fokhagyma (6 gerezd)
- 2 teáskanál őrölt kömény
- 1 teáskanál szárított kakukkfű, összetörve
- 16 csirkecomb

SALÁTA

- 2 csésze kockára vágott sárgadinnye
- 2 csésze kockára vágott méz
- 2 csésze kockára vágott mangó
- ¼ csésze friss citromlé
- 1 teáskanál paprika
- ½ teáskanál őrölt kömény

¼ csésze apróra vágott friss koriander

1. Csirke esetében távolítsa el a szárított New Mexico és az ancho chili szárát és magját. Melegíts fel egy nagy serpenyőt közepes lángon. Serpenyőben 1-2 percig sütjük, vagy amíg illatos lesz és enyhén megpirul. Tedd a sült paprikát egy kis tálba; Adjuk hozzá a forrásban lévő vizet az edényhez. Hagyja állni legalább 10 percig, vagy amíg készen nem áll a használatra.

2. Melegítsük elő a brojlert. Béleljünk ki egy tepsit alufóliával; Csorgassunk 1 evőkanál olívaolajat a fóliára. Tedd a serpenyőbe a hagymaszeleteket és a paradicsomot. Forraljuk körülbelül 4 hüvelykre a tűzről 6-8 percig, vagy amíg megpuhul és elszenesedett. A chilit lecsepegtetjük, a vizet félretesszük.

3. Páchoz keverje össze a chilit, a hagymát, a paradicsomot, a fokhagymát, a köményt és a kakukkfüvet turmixgépben vagy konyhai robotgépben. Fedjük le, és turmixoljuk vagy dolgozzuk simára, szükség szerint adjunk hozzá még tartalék vizet a pürésítéshez és a kívánt állag eléréséhez.

4. Helyezze a csirkét egy sekély edénybe helyezett nagy, visszazárható műanyag zacskóba. Öntse a pácot a zsákban lévő csirkére, forgassa meg, hogy egyenletesen bevonja a zacskót. Pácoljuk a hűtőben 2-4 órán keresztül, időnként megforgatva a zacskót.

5. Egy extra nagy tálban a salátához keverje össze a dinnyét, a mézkivonatot, a mangót, a citromlevet, a maradék 2 evőkanál olívaolajat, a paprikát, a köményt és a koriandert. Dobd le a kabátot. Fedjük le és tegyük hűtőbe 1-4 órára.

6. A faszén grillezéshez mérsékelten forró parazsat tegyen egy csepegtetőedény köré. Tesztelje a közepes lángot a serpenyőn. A csirkelevest pácolással lecsepegtetjük. Helyezze a csirkét a grillrácsra a csepegtetőtál fölé. Kenje meg bőségesen a csirkét a fenntartott pác egy részével (a felesleges pácot dobja ki). Fedjük le és grillezzük 50 percig, vagy amíg a csirke már nem rózsaszínű (175°F), a grillezés felénél egyszer fordítsuk meg. (Gázgrillel előmelegítjük. Csökkentse a hőt közepesre. Indirekt főzéshez állítsa be. A csirkét zárt égőre tegye az utasítás szerint.) A csirkecombokat salátával tálaljuk.

TANDOORI STÍLUSÚ CSIRKECOMB UBORKA RAITÁVAL

KÉSZÍTMÉNY:20 perc pácolás: 2-24 óra pörkölés: 25 perc készítés: 4 adag

A RAITA KESUDIÓBÓL KÉSZÜLTEJSZÍN, CITROMLÉ, MENTA, KORIANDER ÉS UBORKA. HŰSÍTŐ ELLENPONTOT AD A CSÍPŐS ÉS FŰSZERES CSIRKEHÚSNAK.

CSIRKE
- 1 vöröshagyma, vékony szeletekre vágva
- 1 2 hüvelykes darab friss gyömbér, meghámozva és negyedelve
- 4 gerezd fokhagyma
- 3 evőkanál olívaolaj
- 2 evőkanál friss citromlé
- 1 teáskanál őrölt kömény
- 1 teáskanál őrölt kurkuma
- ½ teáskanál őrölt szegfűbors
- ½ teáskanál őrölt fahéj
- ½ teáskanál fekete bors
- ¼ teáskanál cayenne bors
- 8 csirkecomb

ECETES UBORKA
- 1 csésze kesudiókrém (lásd az ábrát).Leírás)
- 1 evőkanál friss citromlé
- 1 evőkanál apróra vágott friss menta
- 1 evőkanál apróra vágott friss koriander
- ½ teáskanál őrölt kömény
- ⅛ teáskanál fekete bors
- 1 közepes uborka, meghámozva, kimagozva és apróra vágva (1 csésze)
- citrom szeleteket

1. Turmixgépben vagy konyhai robotgépben keverje össze a hagymát, gyömbért, fokhagymát, olívaolajat, citromlevet, köményt, kurkumát, szegfűborsot, fahéjat, fekete borsot és paprikát. Fedjük le és turmixoljuk vagy dolgozzuk simára.

2. Egy vágókés hegyével négy-ötször szúrja meg mindegyik alsócombot. Helyezze a bagetteket egy nagy, visszazárható műanyag zacskóba, amelyet egy nagy tálba helyeztek. Adjuk hozzá a hagymás keveréket; Flip kabáthoz. Pácoljuk a hűtőszekrényben 2-24 órán át, időnként megforgatva a zacskót.

3. Melegítsük elő a brojlert. Vegye ki a csirkét a pácból. Papírtörlővel töröljük le a felesleges pácot a combokról. Helyezze a bagetteket egy fűtetlen broiler vagy alufóliával bélelt peremes tepsi rácsára. Forraljuk 6-8 hüvelyk távolságra a hőforrástól 15 percig. Fordítsa meg a bagettet; Süssük körülbelül 10 percig, vagy amíg a csirke már nem rózsaszínű (175°F).

4. A Raitához egy közepes tálban keverje össze a kesudiókrémet, a citromlevet, a mentát, a koriandert, a köményt és a fekete borsot. Óvatosan keverjük hozzá az uborkát.

5. A csirkét raitával és citromkarikákkal tálaljuk.

CSIRKE CURRY RAKOTT GYÖKÉRZÖLDSÉGEKKEL, SPÁRGÁVAL ÉS ZÖLD ALMÁS MENTA SZÓSSZAL

KÉSZÍTMÉNY:30 perces főzés: 35 percig állva: 5 perc alatt elkészíthető: 4 adag

2 evőkanál finomított kókuszolaj vagy olívaolaj
2 kiló csontos csirkemell, kívánság szerint meghámozva
1 csésze apróra vágott hagyma
2 evőkanál reszelt friss gyömbér
2 evőkanál darált fokhagyma
2 evőkanál sótlan curry por
2 evőkanál darált, kimagozott jalapeno (lásd az ábrát).Nyom)
4 csésze csirke csontleves (lásdLeírás) vagy sózatlan csirkehúsleves
2 közepes édesburgonya (kb. 1 font), meghámozva és apróra vágva
2 közepes fehérrépa (körülbelül 6 uncia), meghámozva és apróra vágva
1 csésze kimagozott, kockára vágott paradicsom
8 uncia spárga, vágva és 1 hüvelykes hosszokra vágva
1 13,5 uncia doboz természetes kókusztej (mint a Nature's Way)
½ csésze apróra vágott friss koriander
Almás-mentás ízvilág (lásd.Leírás, lent)
mész ékek

1. Melegítse fel az olajat egy 6 literes holland sütőben közepesen magas lángon. A forró olajban adagonként barna csirke körülbelül 10 percig egyenletesen pirul. Tegye át a csirkét egy tányérra; tedd félre.

2. Kapcsolja közepesre a hőt. Adja hozzá a hagymát, a gyömbért, a fokhagymát, a curryport és a jalapenót az edénybe. Főzzük és keverjük 5 percig, vagy amíg a hagyma megpuhul. Keverje hozzá a csirkehúslevest, az édesburgonyát, a fehérrépát és a paradicsomot. Tegye vissza a csirkedarabokat az edénybe úgy, hogy a csirkét a

lehető legtöbb folyadékba áztassa. Csökkentse a hőt közepes-alacsonyra. Fedjük le, és pároljuk 30 percig, vagy amíg a csirke már nem rózsaszínű, és a zöldségek megpuhulnak. Keverje hozzá a spárgát, a kókusztejet és a koriandert. Vedd le a tűzről. Várj 5 percet. Ha szükséges, válasszuk el a csirkét a csontoktól, és egyenletesen osszuk el a tálalótálak között. Apple-Mint Relish-szel és citromkarikákkal tálaljuk.

Almás-mentás ízű: Aprítógépben aprítson fel ½ csésze cukrozatlan kókuszt porrá. Adjunk hozzá 1 csésze friss korianderlevelet és pároljuk meg; 1 csésze friss mentalevél; 1 Granny Smith alma kimagozva és apróra vágva; 2 teáskanál darált, kimagozott jalapeno (lásd az ábrát).Nyom); és 1 evőkanál friss citromlé. Püstölje, amíg finomra nem vágja.

GRILLEZETT CSIRKE PAILLARD SALÁTA MÁLNÁVAL, RÉPÁVAL ÉS SÜLT MANDULÁVAL

KÉSZÍTMÉNY:Sütés 30 perc: Pácolás 45 perc: Grill 15 perc: 8 perc: 4 adag

½ csésze egész mandula

1½ teáskanál olívaolaj

1 közepes vörös répa

1 közepes aranyrépa

2 db 6-8 uncia csont nélküli, bőr nélküli csirkemell fél

2 csésze friss vagy fagyasztott málna, felengedve

3 evőkanál fehér- vagy vörösborecet

2 evőkanál apróra vágott friss tárkony

1 evőkanál apróra vágott medvehagyma

1 teáskanál Dijon stílusú mustár (lásdLeírás)

¼ csésze olívaolaj

Fekete bors

8 csésze tavaszi mix saláta

1. A mandula esetében melegítse elő a sütőt 400 °F-ra. A mandulát egy kis tepsire terítjük, és meglocsoljuk ½ teáskanál olívaolajjal. Süssük körülbelül 5 percig, vagy amíg illatos és aranybarna nem lesz. hagyjuk kihűlni. (A mandula 2 nappal korábban megpirítható és légmentesen záródó edényben tárolható.)

2. A céklákhoz helyezzen minden répát egy kis fóliára, és csepegtessen rá ½ teáskanál olívaolajat. Lazán tekerje a fóliát a cékla köré, és helyezze egy tepsire vagy tepsire. Süssük a céklát 400°F-os sütőben 40-50 percig, vagy amíg megpuhulnak, ha egy késsel megszúrjuk. Vegye ki a sütőből, és hagyja állni, amíg kellően kihűl ahhoz, hogy

kezelni tudja. Távolítsa el a bőrt egy kés segítségével. A répát szeletekre vágjuk és félretesszük. (A céklát ne keverjük össze, hogy a cékla ne szennyezze be az aranyrépát. A céklát 1 nappal előre megpiríthatjuk és lehűthetjük. Tálalás előtt szobahőmérsékletre hozzuk.)

3. A csirkehús esetében minden csirkemellet vízszintesen kettévágunk. Helyezzen minden csirkedarabot két darab műanyag fólia közé. Húskalapáccsal enyhén verje körülbelül ¾ hüvelyk vastagságig. Helyezze a csirkét egy sekély edénybe, és tegye félre.

4. A salátaöntethez egy nagy tálban habverővel enyhén pépesítsünk ¾ csésze málnát (a maradék málnát a salátához tartjuk). Adjunk hozzá ecetet, tárkonyt, medvehagymát és dijoni mustárt; Habverővel összekeverjük. Vékony sugárban adjunk hozzá ¼ csésze olívaolajat, és alaposan keverjük össze. Öntsön ½ csésze salátalevet a csirkére; Fordítsa meg a csirkét a bevonattal (a maradék vinaigrettet tartsa a salátához). Pácold be a csirkét szobahőmérsékleten 15 percig. Vegye ki a csirkét a pácból, és szórja meg borssal; A maradék pácot kiöntjük a tányéron.

5. Faszén- vagy gázsütőnél helyezze a csirkét közvetlenül a grillrácsra közepes lángon. Fedjük le és grillezzük 8-10 percig, vagy amíg a csirke már nem rózsaszínű, a grillezés felénél megfordítjuk. (A csirkét grillserpenyőben is megsüthetjük.)

6. Egy nagy tálban keverje össze a salátát, a céklát és a maradék 1¼ csésze málnát. Öntse a fenntartott vinaigrettet a salátára; enyhén feldobjuk, hogy bevonja.

Osszuk el a salátát négy tálra; Mindegyik tetejére helyezzünk egy darab grillezett csirkemellet. A pirított mandulát apróra vágjuk, és az egészet megszórjuk vele. Tálald most.

BROKKOLI RABE TÖLTÖTT CSIRKEMELL FRISS PARADICSOMSZÓSSZAL ÉS CÉZÁR SALÁTÁVAL

KÉSZÍTMÉNY: 40 perces főzés: 25 perc: 6 adag

- 3 evőkanál olívaolaj
- 2 teáskanál darált fokhagyma
- ¼ teáskanál őrölt pirospaprika
- 1 font brokkoli raab, vágva és apróra vágva
- ½ csésze kénmentes arany mazsola
- ½ csésze vizet
- 4 5-6 uncia bőr nélküli, kicsontozott csirkemell fél
- 1 csésze apróra vágott hagyma
- 3 csésze apróra vágott paradicsom
- ¼ csésze apróra vágott friss bazsalikom
- 2 teáskanál vörösborecet
- 3 evőkanál friss citromlé
- 2 evőkanál Paleo Mayo (lásd Leírás)
- 2 teáskanál Dijon stílusú mustár (lásd Leírás)
- 1 teáskanál darált fokhagyma
- ½ teáskanál fekete bors
- ¼ csésze olívaolaj
- 10 csésze apróra vágott saláta

1. Melegíts fel 1 evőkanál olívaolajat egy nagy serpenyőben közepesen magas lángon. Adjuk hozzá a fokhagymát és a zúzott pirospaprikát; Főzzük és keverjük 30 másodpercig, vagy amíg illatos lesz. Adjuk hozzá az apróra vágott brokkolit, a mazsolát és ½ csésze vizet. Fedjük le és főzzük körülbelül 8 percig, vagy amíg a brokkoli raab megfonnyad és megpuhul. Távolítsa el a fedőt a

serpenyőről; Hagyja elpárologni a felesleges vizet. Tedd félre.

2. Minden csirkemellet hosszában félbe kell vágni tekercsekhez; helyezze az egyes darabokat két darab műanyag fólia közé. Egy húskalapács lapos oldalával enyhén verje meg a csirkét körülbelül ¼ hüvelyk vastagságúra. Minden tekercsnél tegyen körülbelül ¼ csésze brokkolis raab keveréket az egyik rövidebb végére; feltekerjük, oldalról felhajtjuk, hogy teljesen ellepje a tölteléket. (A rolád akár 1 nappal előre is elkészíthető, és főzésig hűtőben tárolható.)

3. Melegíts fel 1 evőkanál olívaolajat egy nagy serpenyőben közepesen magas lángon. Add hozzá a tekercseket a varrási oldalukkal lefelé. Körülbelül 8 percig sütjük, vagy amíg minden oldala meg nem pirul, sütés közben kétszer-háromszor megfordítva. Tegye át a tekercseket egy tányérra.

4. A szószhoz a serpenyőben közepes lángon felhevítjük a maradék 1 evőkanál olívaolajat. Adjuk hozzá a hagymát; Körülbelül 5 percig főzzük, vagy amíg áttetsző nem lesz. Keverjük hozzá a paradicsomot és a bazsalikomot. Helyezze a tekercseket a szószra a serpenyőben. Forraljuk fel közepesen magas lángon; csökkentse a hőt. Fedjük le, és főzzük körülbelül 5 percig, vagy amíg a paradicsom elkezd lebomlani, de továbbra is megtartja alakját, és a tekercsek melegek.

5. Az öntethez egy kis tálban keverjük össze a citromlevet, a Paleo Mayót, a Dijon stílusú mustárt, a fokhagymát és a borsot. Csorgassunk bele ¼ csésze olívaolajat, keverjük

addig, amíg emulgeál. Egy nagy tálban öntsük a szószt az apróra vágott salátával. Tálaláshoz osszuk el a rómait hat tányérra. Szeletelje fel a tekercseket, és helyezze a salátára; Meglocsoljuk paradicsomszósszal.

GRILLEZETT CSIRKE SHAWARMA PAKOLÁS FŰSZERES ZÖLDSÉGEKKEL ÉS FENYŐMAG SZÓSSZAL

KÉSZÍTMÉNY:Pácolás 20 percig: Grillezés 30 percig: 10 perces készítés: 8 pakolás (4 adag)

1½ font bőr nélküli, csont nélküli csirkemell, 2 hüvelykes darabokra vágva
5 evőkanál olívaolaj
2 evőkanál friss citromlé
1¾ teáskanál őrölt kömény
1 teáskanál darált fokhagyma
1 teáskanál pirospaprika
½ teáskanál curry por
½ teáskanál őrölt fahéj
¼ teáskanál cayenne bors
1 közepes cukkini félbevágva
1 kis padlizsán ½ hüvelykes szeletekre vágva
1 nagy sárga édes paprika, félbevágva és eltávolítva a magokat
1 közepes vöröshagyma negyedelve
8 koktélparadicsom
8 nagy vajas salátalevél
Pirított fenyőmag szósz (lásd.Leírás)
citrom szeleteket

1. Páchoz egy kis tálban keverj össze 3 evőkanál olívaolajat, citromlevet, 1 teáskanál köményt, fokhagymát, ½ teáskanál paprikát, curryport, ¼ teáskanál fahéjat és paprikát. Helyezze a csirkedarabokat egy nagy, visszazárható műanyag zacskóba egy sekély edénybe. A csirkére öntjük a pácot. pecsétzsák; a táskát kabáttá alakítja. Pácold a hűtőben 30 percig, időnként megforgatva a zacskót.

2. Vegye ki a csirkét a pácból; dobja ki a pácot. A csirkét négy hosszú nyárson elrendezzük.

3. Tegye sütőlapra a cukkinit, padlizsánt, édes paprikát és hagymát. Meglocsoljuk 2 evőkanál olívaolajjal. Megszórjuk a maradék ¾ teáskanál köménnyel, a maradék ½ teáskanál paprikával és a maradék ¼ teáskanál fahéjjal; Enyhén megkenjük a zöldségeket. Fűzzük fel a paradicsomot két nyársra.

3. Faszén- vagy gázgrillhez tegye a csirke- és paradicsomos kebabot és a zöldségeket a grillrácsra közepes lángon. Fedjük le és grillezzük, amíg a csirke már nem lesz rózsaszín, a zöldségek pedig enyhén elszenesednek és ropogósak, majd egyszer megfordítjuk. Hagyjon 10-12 percet a csirkehús, 8-10 perc a zöldségek és 4 perc a paradicsom esetében.

4. Távolítsa el a csirkét a nyársról. A csirkét feldaraboljuk, a cukkinit, a padlizsánt és az édes paprikát pedig falatnyi darabokra vágjuk. Vegyük le a paradicsomot a nyársról (ne vágjuk fel). A csirkét és a zöldségeket elrendezzük egy tányéron. Tálaláshoz tegye a csirkét és a zöldségek egy részét egy salátalevélre; Meglocsoljuk pirított fenyőmag szósszal. Citromkarikákkal tálaljuk.

SÜTŐBEN SÜLT CSIRKEMELL GOMBÁVAL, FOKHAGYMÁS KARFIOLPÜRÉVEL ÉS SÜLT SPÁRGÁVAL

ELEJÉTŐL A VÉGÉIG:50 perc: 4 adag

4 db 10-12 uncia csontos csirkemell fél, meghámozva
3 csésze kis fehér gomba
1 csésze vékonyra szeletelt póréhagyma vagy sárgahagyma
2 csésze csirke csontleves (lásdLeírás) vagy sózatlan csirkehúsleves
1 pohár száraz fehérbor
1 nagy csokor friss kakukkfű
Fekete bors
fehérborecet (elhagyható)
1 fej karfiol virágokra osztva
12 gerezd fokhagyma, meghámozva
2 evőkanál olívaolaj
Fehér vagy erős paprika
1 kiló spárga, apróra vágva
2 teáskanál olívaolaj

1. Melegítse elő a sütőt 400°F-ra. Helyezze a csirkemelleket egy 3 literes téglalap alakú tepsire; A tetejére gombát és póréhagymát teszünk. Öntsük a csirkehúslevest és a bort a csirkére és a zöldségekre. Szórjuk meg kakukkfűvel az egészet, és szórjuk meg fekete borssal. Fedjük le a formát fóliával.

2. Süssük 35-40 percig, vagy amíg a csirkébe helyezett azonnali leolvasású hőmérő 170°F-ot nem mutat. Távolítsa el és dobja ki a kakukkfű gallyakat. Kívánság szerint tálalás előtt ízesítsük a folyadékot kevés ecettel.

2. Közben egy nagy fazékban főzzük a karfiolt és a fokhagymát elegendő forrásban lévő vízben körülbelül 10 percig, vagy amíg nagyon megpuhul. A karfiolt és a fokhagymát lecsepegtetjük, a főzőfolyadékból 2 evőkanálnyit félreteszünk. Tegye a karfiolt és a fenntartott főzőfolyadékot egy konyhai robotgépbe vagy egy nagy keverőtálba. Simára dolgozzuk* vagy burgonyanyomóval törjük össze; Keverjünk hozzá 2 evőkanál olívaolajat, és ízesítsük fehérborssal. Tálalásig tartsa melegen.

3. A spárgát egy tepsibe rendezzük egy sorban. Meglocsoljuk 2 teáskanál olívaolajjal, és bevonjuk. Megszórjuk fekete borssal. 400°F-os sütőben körülbelül 8 percig vagy ropogósra sütjük, egyszer megkeverve.

4. Osszuk el a karfiolpürét hat tányérra. Csirke, gomba és póréhagyma tölteléke. Csöpögtess rá egy kis pörkölőfolyadékot; Sült spárgával tálaljuk.

*Megjegyzés: Ha konyhai robotgépet használunk, ügyeljünk arra, hogy ne dolgozzuk túl, különben túl vékony lesz a karfiol.

THAI CSIRKE LEVES

KÉSZÍTMÉNY: Fagyasztja 30 percig: 20 percig süti: 50 percig készíti: 4-6 adag

A TAMARIND PÉZSMA SAVANYÚ GYÜMÖLCSINDIAI, THAI ÉS MEXIKÓI ÉTELEKHEZ HASZNÁLJÁK. SOK KERESKEDELEMBEN ELŐÁLLÍTOTT TAMARINDPASZTA CUKROT TARTALMAZ – ÜGYELJEN ARRA, HOGY OLYAT VÁSÁROLJON, AMELYIK NEM TARTALMAZ. A KAFFIR CITROMLEVELEK FRISSEN, FAGYASZTVA ÉS SZÁRÍTVA A LEGTÖBB ÁZSIAI PIACON MEGTALÁLHATÓK. HA NEM TALÁLJA ŐKET, HASZNÁLJON 1½ TEÁSKANÁL FINOMRA VÁGOTT CITROMHÉJAT A LEVELEKHEZ EBBEN A RECEPTBEN.

- 2 szál citromfű, apróra vágva
- 2 evőkanál finomítatlan kókuszolaj
- ½ csésze vékonyra szeletelt újhagyma
- 3 nagy gerezd fokhagyma, vékonyra szeletelve
- 8 csésze csirke csontleves (lásd Leírás) vagy sózatlan csirkehúsleves
- ¼ csésze cukrozatlan tamarind paszta (például Tamicon márka)
- 2 evőkanál nori pehely
- 3 friss thai chili, vékonyra szeletelve, a magok épek (lásd az ábrát). Nyom)
- 3 hitetlen citromlevél
- 1 darab 3 hüvelykes gyömbér vékonyra szeletelve
- 4 db 6 uncia bőr nélküli, csont nélküli csirkemell fél
- 1 14,5 uncia tűzön sült, kockára vágott paradicsom hozzáadott só nélkül, lecsepegtetés nélkül
- 6 uncia vékony spárgalándzsa, vágva és vékonyan keresztben ½ hüvelykes darabokra vágva
- ½ csésze csomagolt thai bazsalikomlevél (lásd jegyzet)

1. Törjük össze a citromfű szárát úgy, hogy a kés hátával erősen megnyomjuk. A törött szárakat finomra vágjuk.

2. Melegítsük fel a kókuszolajat egy holland sütőben, közepes lángon. Adjunk hozzá citromfüvet és zöldhagymát; Főzzük

8-10 percig, gyakran kevergetve. Adjunk hozzá fokhagymát; Főzzük és keverjük 2-3 percig, vagy amíg nagyon illatos lesz.

3. Adja hozzá a csirkehúslevest, a tamarindpasztát, a nori pelyhet, a chilit, a citromlevelet és a gyömbért. Forraljuk fel; csökkentse a hőt. Fedjük le és főzzük 40 percig.

4. Eközben fagyassza le a csirkét 20-30 percre, vagy amíg meg nem szilárdul. A csirkét vékonyra szeleteljük.

5. Szűrje le a levest egy finom szitán egy nagy serpenyőbe, és egy nagy kanál hátával nyomja le, hogy kivonja az ízeket. Dobja el a szilárd anyagokat. Forraljuk fel a levest. Keverje hozzá a csirkét, a lecsepegtetett paradicsomot, a spárgát és a bazsalikomot. Csökkentse a hőt; Fedővel főzzük 2-3 percig, vagy amíg a csirke megpuhul. Tálald most.

CITROMOS ÉS ZSÁLYÁS SÜLT CSIRKE CIKÓRIÁVAL

KÉSZÍTMÉNY:15 percig sütjük: 55 percig állva: 5 percig készítjük: 4 adag

CITROMSZELETEK ÉS ZSÁLYALEVELEKSÜTÉS KÖZBEN ÍZESÍTI A CSIRKE BŐRE ALÁ HELYEZETT HÚST, ÉS SZEMET GYÖNYÖRKÖDTETŐ DIZÁJNT HOZ LÉTRE A ROPOGÓS, ÁTLÁTSZATLAN BŐR ALATT, MIUTÁN KIVESZI A SÜTŐBŐL.

4 csontos csirkemell fél (bőrrel)

1 citrom nagyon vékonyra szeletelve

4 nagy zsályalevél

2 teáskanál olívaolaj

2 teáskanál mediterrán fűszer (lásd Leírás)

½ teáskanál fekete bors

2 evőkanál extra szűz olívaolaj

2 medvehagyma, szeletelve

2 gerezd fokhagyma, felaprítva

4 fej endívia, hosszában félbevágva

1. Melegítse elő a sütőt 400°F-ra. Vágókés segítségével nagyon óvatosan lazítsa meg a bőrt mindkét mellfélnél, és hagyja ragasztani az egyik oldalára. Mindegyik mell húsára teszünk 2 citromszeletet és 1 zsályalevelet. Finoman húzza vissza a bőrt a helyére, és enyhén nyomja meg a rögzítéshez.

2. Helyezze a csirkét egy sekély serpenyőbe. Kenje meg a csirkét 2 teáskanál olívaolajjal; Megszórjuk mediterrán fűszerrel és ¼ teáskanál fekete borssal. Fedő nélkül süssük körülbelül 55 percig, vagy amíg a bőr megbarnul és ropogós lesz, és egy 170°F-os azonnali leolvasású

hőmérőt helyezünk a csirkeregiszterekbe. Tálalás előtt 10 percig pihentetjük a csirkét.

3. Közben egy nagy serpenyőben közepes lángon hevíts fel 2 evőkanál olívaolajat. Adjunk hozzá medvehagymát; Körülbelül 2 percig főzzük, vagy amíg áttetsző nem lesz. A cikóriát megszórjuk a maradék ¼ teáskanál borssal. Adjunk hozzá fokhagymát a serpenyőbe. Tedd a serpenyőbe az endíviát, vágd le az oldalát. Süssük körülbelül 5 percig, vagy amíg meg nem pirul. Óvatosan fordítsa meg az endíviát; Főzzük további 2-3 percig, vagy amíg megpuhul. Csirkével tálaljuk.

CSIRKE ZÖLDHAGYMÁVAL, VÍZITORMÁVAL ÉS RETEKKEL

KÉSZÍTMÉNY:20 perc főzés: 8 perc főzés: 30 perc főzés: 4 adag

BÁR FURCSÁN HANGZIK RETKET FŐZNI,ALIG FŐZNEK ITT – ÉPPEN CSAK ANNYIRA, HOGY A CHILI FALATOKAT MEGPUHÍTSÁK ÉS EGY KICSIT MEGPUHULJANAK.

3 evőkanál olívaolaj

4 db 10-12 uncia csontos csirkemell fél (bőrrel)

1 evőkanál citromfűszeres fűszerezés (lásd az ábrát).Leírás)

¾ csésze szeletelt újhagyma

6 retek vékonyra szeletelve

¼ teáskanál fekete bors

½ csésze száraz fehér vermut vagy száraz fehérbor

⅓ csésze kesudió krém (lásdLeírás)

1 csokor vízitorma, a szárát eltávolítjuk és durvára vágjuk

1 evőkanál apróra vágott friss kapor

1. Melegítse elő a sütőt 350°F-ra. Melegítsünk olívaolajat egy nagy serpenyőben közepesen magas lángon. Szárítsa meg a csirkéket papírtörlővel. Főzzük a csirkét bőrös felével lefelé 4-5 percig, vagy amíg a bőr aranybarna és ropogós nem lesz. Fordítsa meg a csirkét; Főzzük körülbelül 4 percig, vagy amíg aranybarna nem lesz. Helyezze a csirkét bőrös oldalával felfelé egy sekély tepsire. Megszórjuk a csirkét citromfűszerrel. Süssük körülbelül 30 percig, vagy amíg a csirke meg nem jelenik a 170 °F-on behelyezett azonnali leolvasható hőmérőn.

2. Ezalatt 1 evőkanál kivételével minden csöpögőt öntsünk a serpenyőből; vissza a serpenyőt melegíteni. Adjunk hozzá

zöldhagymát és retket; Körülbelül 3 percig főzzük, vagy amíg a zöldhagyma megfonnyad. Megszórjuk borssal. Adjuk hozzá a vermutot, keverjük, hogy lekaparjuk a sült darabokat. Forraljuk fel; Addig főzzük, amíg enyhén meg nem pirul. Keverjük össze kesudió krémmel; felforraljuk. Vegye le a serpenyőt a tűzről; Adjuk hozzá a vízitormát és a kaprot, óvatosan keverjük addig, amíg a vízitorma meg nem fonnyad. Hozzáadjuk a főzőedényben felgyülemlett csirkehúslevet.

3. Osszuk a mogyoróhagymás keveréket négy tálra; tetejére csirkével.

TIKKA MASALA CSIRKE

KÉSZÍTMÉNY:30 perc pácolás: 4-6 óra főzés: 15 perc sütés: 8 perc főzés: 4 adag

EZT EGY NAGYON NÉPSZERŰ INDIAI ÉTEL IHLETTE.LEHET, HOGY SOHA NEM INDIÁBAN HOZTÁK LÉTRE, INKÁBB EGY INDIAI ÉTTEREMBEN AZ EGYESÜLT KIRÁLYSÁGBAN. A HAGYOMÁNYOS CSIRKE TIKKA MASALA SZERINT A CSIRKÉT JOGHURTBAN KELL PÁCOLNI, MAJD FŰSZERES, TEJSZÍNNEL MEGLOCSOLT PARADICSOMSZÓSZBAN MEGFŐZNI. A SZÓSZ ÍZÉT TOMPÍTÓ TEJTERMÉKEK NÉLKÜL EZ A VÁLTOZAT KÜLÖNÖSEN TISZTA ÍZŰ. RIZS HELYETT ROPOGÓS CUKKINIS TÉSZTÁVAL TÁLALJUK.

1½ font bőr nélküli, csont nélküli csirkecomb vagy fél csirkemell

¾ csésze természetes kókusztej (mint a Nature's Way)

6 gerezd fokhagyma, felaprítva

1 evőkanál reszelt friss gyömbér

1 teáskanál őrölt koriander

1 teáskanál pirospaprika

1 teáskanál őrölt kömény

¼ teáskanál őrölt kardamom

4 evőkanál finomított kókuszolaj

1 csésze apróra vágott sárgarépa

1 vékonyra szeletelt zeller

½ csésze apróra vágott hagyma

2 jalapeno vagy serrano chili, kimagozva (ha szükséges) és apróra vágva (lásd az ábrát).Nyom)

1 14,5 uncia tűzön sült, kockára vágott paradicsom hozzáadott só nélkül, lecsepegtetés nélkül

1 8 uncia konzerv sómentes paradicsomszósz

1 teáskanál sózatlan garam masala

3 közepes cukkini

½ teáskanál fekete bors

friss korianderlevél

1. Ha csirkecombot használunk, vágjuk mindegyik combot három részre. Ha fél csirkemellet használ, vágja mindegyik mellet 2 hüvelykes darabokra, a vastag részeket vízszintesen kettévágja, hogy vékonyabb legyen. Tegye a csirkét egy nagy, visszazárható műanyag zacskóba; tedd félre. A páchoz egy kis tálban keverj össze ½ csésze kókusztejet, fokhagymát, gyömbért, koriandert, paprikát, köményt és kardamomot. Öntse a pácot a zsákban lévő csirkére. Zárja le a zacskót, és fordítsa meg, hogy bevonja a csirkét. Helyezze a zacskót egy közepes tálba; Pácoljuk a hűtőszekrényben 4-6 órán keresztül, időnként megforgatva a zacskót.

2. Melegítsük elő a brojlert. Melegítsünk fel 2 evőkanál kókuszolajat egy nagy serpenyőben közepes lángon. Adjunk hozzá sárgarépát, zellert és hagymát; Időnként megkeverve főzzük 6-8 percig, vagy amíg a zöldségek megpuhulnak. hozzáadjuk a jalapenót; Főzzük és keverjük még 1 percig. Adjuk hozzá a lecsepegtetett paradicsomot és a paradicsomszószt. Forraljuk fel; csökkentse a hőt. Fedő nélkül főzzük körülbelül 5 percig, vagy amíg a szósz kissé besűrűsödik.

3. A csirkét lecsepegtetjük, a pácot kiöntjük. Helyezze a csirkedarabokat egy sorban egy broiler fűtetlen rácsára. 8-10 percig sütjük 5-6 hüvelyk hőfokon, vagy amíg a csirke már nem rózsaszínű lesz, a sütés felénél megfordítjuk. Adja hozzá a főtt csirkedarabokat és a maradék ¼ csésze kókusztejet a serpenyőben lévő paradicsomos keverékhez. Főzzük 1-2 percig, vagy amíg teljesen át nem melegszik. Vegyük le a tűzről; Keverje hozzá a garam masala-t.

4. Vágjuk fel a cukkinit. Vágja a cukkinit hosszú, vékony csíkokra julienne szaggatóval. Melegítse fel a maradék 2 evőkanál kókuszolajat egy extra nagy serpenyőben közepesen magas lángon. Adjuk hozzá a cukkini csíkokat és a fekete borsot. Főzzük és keverjük 2-3 percig, vagy amíg a cukkini ropogós nem lesz.

5. Tálaláskor a cukkinit négy tányérra osztjuk. A tetejére csirke keveréket. Díszítsük koriander levelekkel.

RAS EL HANOUT CSIRKECOMB

KÉSZÍTMÉNY: 20 perces főzés: 40 perc: 4 adag

RAS EL HANOUT EGY KOMPLEXUMÉS EGZOTIKUS MAROKKÓI FŰSZERKEVERÉK. AZ ARAB IDIÓMA JELENTÉSE "BOLT VEZETŐJE" AZT JELENTI, HOGY A FŰSZERBOLT A LEGJOBB FŰSZEREK EGYEDÜLÁLLÓ KEVERÉKÉVEL RENDELKEZIK. A RAS EL HANOUTHOZ NINCS MEGHATÁROZOTT RECEPT, DE ÁLTALÁBAN GYÖMBÉR, ÁNIZS, FAHÉJ, SZERECSENDIÓ, FEKETE BORS, SZEGFŰSZEG, KARDAMOM, SZÁRÍTOTT VIRÁGOK (PÉLDÁUL LEVENDULA ÉS RÓZSA), NIGELLA SATIVA, BUZOGÁNY, GALANGAL ÉS KURKUMA.

- 1 evőkanál őrölt kömény
- 2 teáskanál őrölt gyömbér
- 1½ teáskanál fekete bors
- 1½ teáskanál őrölt fahéj
- 1 teáskanál őrölt koriander
- 1 teáskanál cayenne bors
- 1 teáskanál őrölt szegfűbors
- ½ teáskanál őrölt szegfűszeg
- ¼ teáskanál őrölt szerecsendió
- 1 teáskanál sáfrány cérna (opcionális)
- 4 evőkanál finomítatlan kókuszolaj
- 8 csontos csirkecomb
- 1 8 uncia csomag friss gomba, szeletelve
- 1 csésze apróra vágott hagyma
- 1 csésze apróra vágott piros, sárga vagy zöld édes paprika (1 nagy)
- 4 roma paradicsom, magházzal, magvakkal eltávolítva és feldarabolva
- 4 gerezd fokhagyma, felaprítva
- 2 db 13,5 uncia doboz természetes kókusztej (például Nature's Way)
- 3-4 evőkanál friss citromlé
- ¼ csésze finomra vágott friss koriander

1. A Ras el hanouthoz egy közepes mozsárban vagy kis tálban keverje össze a köményt, a gyömbért, a fekete borsot, a fahéjat, a koriandert, a paprikát, a szegfűborsot, a szegfűszeget, a szerecsendiót és a sáfrányt, ha kívánja. Péppé törjük mozsártörővel, vagy kanállal keverjük jól össze. Tedd félre.

2. Melegíts fel 2 evőkanál kókuszolajat egy extra nagy serpenyőben közepes lángon. Megszórjuk a csirkecombokat 1 evőkanál ras el hanouttal. Adjunk hozzá csirkét a serpenyőbe; Süssük 5-6 percig, vagy amíg aranybarna nem lesz, a főzés felénél egyszer fordítsuk meg. Vegye ki a csirkét a serpenyőből; tartsd melegen.

3. Ugyanabban a serpenyőben melegítsük fel közepes lángon a maradék 2 evőkanál kókuszolajat. Adjunk hozzá gombát, hagymát, édes paprikát, paradicsomot és fokhagymát. Főzzük és keverjük körülbelül 5 percig, vagy amíg a zöldségek megpuhulnak. Keverjünk össze kókusztejet, citromlevet és 1 evőkanál ras el hanoutot. Tegye vissza a csirkét a serpenyőbe. Forraljuk fel; csökkentse a hőt. Fedővel főzzük körülbelül 30 percig, vagy amíg a csirke megpuhul (175 °F).

4. Tálaljuk a csirkét, a zöldségeket és a szószt tálakban. Díszítsük korianderrel.

Megjegyzés: Tárolja a maradék Ras el Hanout-ot lezárt tartályban legfeljebb 1 hónapig.

ADOBO CSIRKECOMB CSILLAGGYÜMÖLCCSEL SÜLT SPENÓTON

KÉSZÍTMÉNY:Pácolás 40 perc: 4-8 óra főzés: 45 perc főzés: 4 adag

SZÁRÍTSA MEG A CSIRKÉT, HA SZÜKSÉGESA PÁCBÓL VALÓ KIVÉTEL UTÁN EGY SERPENYŐBEN, PAPÍRTÖRLŐVEL KISÜTJÜK. A HÚSON MARADT FOLYADÉK A FORRÓ OLAJBA FRÖCCSEN.

- 8 csontos csirkecomb (1½-2 font), meghámozva
- ½ csésze fehér vagy almaecet
- ¾ csésze friss narancslé
- ½ csésze vizet
- ¼ csésze apróra vágott hagyma
- ¼ csésze apróra vágott friss koriander
- 4 gerezd fokhagyma, felaprítva
- ½ teáskanál fekete bors
- 1 evőkanál olívaolaj
- 1 csillag gyümölcs (karambola), szeletelve
- 1 csésze csirke csontleves (lásdLeírás) vagy sózatlan csirkehúsleves
- 2 9 uncia csomag friss spenótlevél
- Friss korianderlevél (elhagyható)

1. Tegye a csirkét egy rozsdamentes acél vagy zománcozott holland sütőbe; tedd félre. Egy közepes tálban keverje össze az ecetet, narancslevet, vizet, hagymát, ¼ csésze apróra vágott koriandert, fokhagymát és borsot; Ráöntjük a csirkére. Fedjük le és pácoljuk a hűtőben 4-8 órára.

2. Forraljuk fel a csirkemeveréket a holland sütőben közepes-magas lángon; csökkentse a hőt. Fedjük le, és főzzük 35-40 percig, vagy amíg a csirke már nem rózsaszínű (175°F).

3. Melegítse fel az olajat egy nagyon nagy serpenyőben közepesen magas lángon. Vegye ki a csirkét a holland sütőből csipesszel, finoman rázza meg, hogy a főzőfolyadék lefolyjon; tartalékolja a főzőfolyadékot. A csirkemellet minden oldaláról megsütjük, gyakran egyenletesen barnára fordítva.

4. Közben a szószhoz szűrjük le a főzőfolyadékot; Térjen vissza a holland sütőbe. Forraljuk fel. Körülbelül 4 percig forraljuk, hogy csökkenjen és kissé besűrűsödjön; adjunk hozzá csillaggyümölcsöt; Forraljuk még 1 percig. Tegyük vissza a csirkét a holland sütőmártásba. Távolítsa el a tűzről; Fedjük le, hogy melegen tartsuk.

5. Törölje le a serpenyőt. Öntsük a csirke csontlevest a serpenyőbe. Forraljuk fel közepesen magas lángon; Keverjük össze a spenóttal. Csökkentse a hőt; Folyamatos keverés mellett főzzük 1-2 percig, vagy amíg a spenót megfonnyad. Egy lyukas kanál segítségével tegyük át a spenótot egy tálra. Felöntjük csirkével és mártással. Ízlés szerint megszórjuk korianderlevéllel.

CHIPOTLE MAYO CSIRKE-POBLANO KÁPOSZTA TACO

KÉSZÍTMÉNY:25 perc főzés: 40 perc: 4 adag

TÁLALJUK EZEKET A RENDETLEN, DE FINOM TACÓKATVILLÁVAL FELSZEDNI A KÁPOSZTALEVÉLRŐL EVÉS KÖZBEN LEESETT TÖLTELÉKET.

1 evőkanál olívaolaj

2 poblano chili, kimagozva (ha szükséges) és apróra vágva (lásdNyom)

½ csésze apróra vágott hagyma

3 gerezd fokhagyma, felaprítva

1 evőkanál sózatlan paprika

2 teáskanál őrölt kömény

½ teáskanál fekete bors

1 8 uncia konzerv sómentes paradicsomszósz

¾ csésze csirke csontleves (lásdLeírás) vagy sózatlan csirkehúsleves

1 teáskanál szárított mexikói kakukkfű, összetörve

1-1,5 font bőr nélküli, csont nélküli csirkecomb

10-12 közepes vagy nagy káposztalevél

Chipotle Paleo fürdőruha (lásd.Leírás)

1. Melegítse elő a sütőt 350°F-ra. Egy nagy, tűzálló serpenyőben közepes-magas lángon hevítsünk olajat. Adjunk hozzá poblano chilit, hagymát és fokhagymát; Főzzük és keverjük 2 percig. Adjunk hozzá chiliport, köményt és fekete borsot; Főzzük és keverjük még 1 percig (ha szükséges, csökkentsük a hőt, nehogy a fűszerek megégjenek).

2. Adja hozzá a paradicsomszószt, a csirkehúslevest és a kakukkfüvet a serpenyőbe. Forraljuk fel. Óvatosan tegye a csirkecombokat a paradicsomos keverékbe. Fedjük le a

serpenyőt fedéllel. Körülbelül 40 percig főzzük, vagy amíg a csirke megpuhul (175°F), félig megfordítva.

3. Vegye ki a csirkét a serpenyőből; kissé lehűtjük. A csirkemellet két villa segítségével falatnyi darabokra vágjuk. A kockára vágott csirkét a serpenyőben lévő paradicsomos keverékhez keverjük.

4. Tálaláskor öntsük a csirkemeveréket a káposztalevelekbe; A felső Chipotle Paleo fürdőruha.

CSIRKEPÖRKÖLT BÉBI SÁRGARÉPÁVAL ÉS BOK CHOYLIVEL

KÉSZÍTMÉNY:15 perc főzés: 24 perc állva: 2 perc: 4 adag

A BABA BOK CHOY NAGYON ÉRZÉKENYÉS EGYSZERRE TÚLSÜLHET. TÁLALÁS ELŐTT GYŐZŐDJÖN MEG RÓLA, HOGY A PÖRKÖLT LEGFELJEBB 2 PERCIG PÁROLÓDIK LEFEDETT SERPENYŐBEN (A HŐT KIKAPCSOLVA), HOGY ROPOGÓS ÉS FRISS - NE FONNYADJON ÉS NEDVES - LEGYEN.

2 evőkanál olívaolaj

1 póréhagyma szeletelve (fehér és világoszöld részek)

4 csésze csirke csontleves (lásdLeírás) vagy sózatlan csirkehúsleves

1 pohár száraz fehérbor

1 evőkanál Dijon stílusú mustár (lásdLeírás)

½ teáskanál fekete bors

1 szál friss kakukkfű

1¼ font bőr nélküli, csont nélküli csirkecomb, 1 hüvelykes darabokra vágva

8 uncia bébi sárgarépa, a tetejét eltávolítva, levágva és hosszában félbevágva, vagy 2 közepes sárgarépa, félbevágva

2 teáskanál finomra vágott citromhéj (félre tesszük)

1 evőkanál friss citromlé

2 fej baba bok choy

½ teáskanál apróra vágott friss kakukkfű

1. Melegíts fel 1 evőkanál olívaolajat egy nagy serpenyőben közepes lángon. Süsd a póréhagymát a forró olajban 3-4 percig, vagy amíg megfonnyad. Adjunk hozzá csirkehúslevest, bort, dijoni mustárt, ¼ teáskanál borsot és kakukkfű ágakat. Forraljuk fel; csökkentse a hőt. Főzzük 10-12 percig, vagy amíg a folyadék körülbelül harmadára csökken. Dobja el a kakukkfű ágat.

2. Közben a maradék 1 evőkanál olívaolajat holland sütőben közepes-magas lángon felhevítjük. Megszórjuk a csirkét a maradék ¼ teáskanál borssal. A forró olajban körülbelül 3 percig sütjük, vagy amíg aranybarna nem lesz, időnként megkeverve. Szükség esetén engedje le az olajat. A redukált húsleves keveréket óvatosan öntsük az edénybe, lekaparjuk a barna részeket; adjunk hozzá sárgarépát. Forraljuk fel; csökkentse a hőt. Fedővel főzzük 8-10 percig, vagy csak addig, amíg a sárgarépa megpuhul. Keverje hozzá a citromlevet. A kínai kel hosszában félbevágjuk. (Ha a csokoládéfejek nagyok, negyedelje.) Helyezze a bok choy-t a csirkére az edényben. Fedjük le és vegyük le a tűzről; Várjon 2 percet.

3. Tegye a kanál pörköltet sekély tálakba. Megszórjuk citromhéjjal és apróra vágott kakukkfűvel.

KESUDIÓ-NARANCS CSIRKE ÉS ÉDES PAPRIKA SALÁTA CSOMAGOLÁSBAN

ELEJÉTŐL A VÉGÉIG: 45 perc: 4-6 adag

KÉT TÍPUST TALÁLSZKÓKUSZOLAJ A POLCOKON - FINOMÍTOTT ÉS EXTRA SZŰZ VAGY FINOMÍTATLAN. AHOGY A NEVE IS SUGALLJA, AZ EXTRA SZŰZ KÓKUSZOLAJAT A FRISS, NYERS KÓKUSZDIÓ ELSŐ PRÉSELÉSÉBŐL NYERIK. MINDIG JOBB VÁLASZTÁS KÖZEPES VAGY KÖZEPES-MAGAS HŐFOKON. A FINOMÍTOTT KÓKUSZOLAJ FÜSTPONTJA MAGASABB, EZÉRT CSAK MAGAS HŐFOKON FŐZZÜK.

- 1 evőkanál finomított kókuszolaj
- 1½-2 font bőr nélküli, csont nélküli csirkecomb, vékony falatnyi csíkokra vágva
- 3 piros, narancssárga és/vagy sárga édes paprika szárral, mag nélkül és vékonyan falatnyi csíkokra szeletelve
- 1 vöröshagyma hosszában félbevágva és vékonyra szeletelve
- 1 teáskanál finomra reszelt narancshéj (félretesszük)
- ½ csésze friss narancslé
- 1 evőkanál apróra vágott friss gyömbér
- 3 gerezd fokhagyma, felaprítva
- 1 csésze sózatlan nyers kesudió, pirítva és durvára vágva (lásd Nyom)
- ½ csésze szeletelt zöldhagyma (4)
- 8-10 vaj vagy salátalevél

1. Wokban vagy nagy serpenyőben hevítsük fel a kókuszolajat nagy lángon. adjunk hozzá csirkét; Főzzük és keverjük 2 percig. Adjunk hozzá borsot és hagymát; Főzzük és keverjük 2-3 percig, vagy amíg a zöldségek megpuhulnak. Vegye ki a csirkét és a zöldségeket a wokból; tartsd melegen.

2. Törölje le a wokot papírtörlővel. Adjuk hozzá a narancslevet a wokhoz. Körülbelül 3 percig főzzük, vagy amíg a lé fel nem forr és kissé lecsökken. Adjunk hozzá gyömbért és fokhagymát. 1 percig főzzük és összekeverjük. Tegye vissza a csirke-bors keveréket a wokba. Keverje hozzá a narancshéjat, a kesudiót és a mogyoróhagymát. Salátalevélen sütve tálaljuk.

VIETNAMI KÓKUSZOS-CITROMFÜVES CSIRKE

ELEJÉTŐL A VÉGÉIG: 30 perc: 4 adag

EZ A GYORS KÓKUSZOS CURRYAZ APRÍTÁS MEGKEZDÉSÉTŐL SZÁMÍTVA 30 PERC ALATT AZ ASZTALRA KERÜLHET, ÍGY IDEÁLIS ÉTEL EGY MOZGALMAS HÉTVÉGÉRE.

1 evőkanál finomítatlan kókuszolaj
4 szál citromfű (csak halvány részek)
1 db 3,2 uncia csomag laskagomba apróra vágva
1 nagy vöröshagyma vékonyra szeletelve, karikákra felezve
1 friss jalapeno kimagozva és apróra vágva (lásd az ábrát).Nyom)
2 evőkanál apróra vágott friss gyömbér
3 gerezd fokhagyma felaprítva
1½ font bőr nélküli, csont nélküli csirkecomb, vékonyra szeletelve és falatnyi darabokra vágva
½ csésze természetes kókusztej (mint a Nature's Way)
½ csésze csirke csontleves (lásdLeírás) vagy sózatlan csirkehúsleves
1 evőkanál sózatlan vörös curry por
½ teáskanál fekete bors
½ csésze apróra vágott friss bazsalikomlevél
2 evőkanál friss citromlé
Édesítetlen kókuszreszelék (opcionális)

1. Egy extra nagy serpenyőben közepes lángon hevítsük fel a kókuszolajat. adjunk hozzá citromfüvet; Főzzük és keverjük 1 percig. Adjunk hozzá gombát, hagymát, jalapenót, gyömbért és fokhagymát; Főzzük és keverjük 2 percig, vagy amíg a hagyma megpuhul. adjunk hozzá csirkét; Körülbelül 3 percig főzzük, vagy amíg a csirke megpuhul.

2. Egy kis tálban keverje össze a kókusztejet, a csirkehúslevest, a curryport és a fekete borsot. Adjuk hozzá a serpenyőben lévő csirkehús keverékhez; 1 percig főzzük, vagy amíg a folyadék kissé besűrűsödik. Távolítsa el a tűzről; Keverje hozzá a friss bazsalikomot és a citromlevet. Ha szükséges, szórjuk meg az adagokat kókuszreszelékkel.

GRILLEZETT CSIRKE ÉS ALMÁS ESCAROLE SALÁTA

KÉSZÍTMÉNY:Grillezés 30 percig: 12 perc: 4 adag

HA SZERETED AZ ÉDESEBB ALMÁT,MENJ HONEYCRISPHEZ. HA SZERETED AZ ALMÁS PITÉT, HASZNÁLD A NAGYI KOVÁCSOT, VAGY PRÓBÁLD KI A KÉT ÍZ KEVERÉKÉT AZ EGYENSÚLY ÉRDEKÉBEN.

- 3 közepes Honeycrisp vagy Granny Smith alma
- 4 teáskanál extra szűz olívaolaj
- ½ csésze finomra vágott medvehagyma
- 2 evőkanál apróra vágott friss petrezselyem
- 1 evőkanál csirke fűszer
- 3-4 fej escarole, negyedelve
- 1 kiló csirkemell vagy pulykamell
- ⅓ csésze apróra vágott pörkölt mogyoró*
- ⅓ csésze klasszikus francia vinaigrette (lásd.Leírás)

1. Alma fele és magja. Az egyik almát meghámozzuk és apróra vágjuk. Melegíts fel 1 teáskanál olívaolajat egy közepes serpenyőben, közepes lángon. Adjunk hozzá apróra vágott almát és medvehagymát; puhára főzzük. Hozzákeverjük a petrezselymet és a szárnyasfűszert. Tedd félre hűlni.

2. Közben a maradék 2 almát kimagozzuk, és kockákra vágjuk. Az almaszeletek vágott széleit megkenjük a maradék olívaolajjal. Keverje össze a csirkét és a hűtött almát egy nagy tálban. Osszuk nyolc részre; Formázz minden darabot 2 hüvelyk átmérőjű pogácsává.

3. Faszén- vagy gázgrillhez helyezze a csirkepogácsákat és az almaszeleteket közvetlenül a grillrácsra közepes lángon.

Fedjük le és grillezzük 10 percig, a grill felénél egyszer fordítsuk meg. Adjuk hozzá az escarole-t, vágjuk le a széleit. Fedjük le, és grillezzük 2-4 percig, vagy amíg az escarole enyhén megpirul, az alma megpuhul, és a csirkepogácsák megpuhulnak (165°F).

4. Vágja durvára az Escarole-t. Osszuk el az escarole-t négy tálra. A tetejére csirke pogácsákat, almaszeleteket és diót teszünk. Meglocsoljuk a klasszikus francia vinaigrette-vel.

*Tipp: A mogyoró pirításához melegítse elő a sütőt 350°F-ra. Egy lapos tepsire terítsd a mogyorót egy rétegben. Süssük 8-10 percig, vagy amíg enyhén megpirul, egyszer keverjük meg, hogy egyenletesen barnuljon. A diót kissé lehűtjük. Tegye a forró mogyorót egy tiszta konyharuhára; törölközővel dörzsölje le a laza bőrt.

TOSZKÁN CSIRKE LEVES KELKÁPOSZTA SZALAGGAL

KÉSZÍTMÉNY: 15 perces főzés: 20 perc: 4-6 adag

EGY KANÁL PESTOAZ ÖN ÁLTAL VÁLASZTOTT BAZSALIKOM VAGY RUKKOLA NAGYSZERŰ ÍZT AD EHHEZ A SÓS, SÓTLAN BAROMFIFŰSZERREL ÍZESÍTETT LEVESHEZ. AHHOZ, HOGY A KÁPOSZTACSÍKOK ÉLÉNKZÖLDEK ÉS A LEHETŐ LEGTÁPLÁLÓBBAK MARADJANAK, CSAK ADDIG FŐZZÜK, AMÍG MEG NEM FONNYADNAK.

1 kiló darált csirke

2 evőkanál sózatlan csirkefűszer

1 teáskanál finomra vágott citromhéj

1 evőkanál olívaolaj

1 csésze apróra vágott hagyma

½ csésze apróra vágott sárgarépa

1 csésze apróra vágott zeller

4 gerezd fokhagyma, szeletelve

4 csésze csirke csontleves (lásd Leírás) vagy sózatlan csirkehúsleves

1 14,5 uncia tűzön sült paradicsom hozzáadott só nélkül, lecsepegtetés nélkül

1 csokor Lacinato (toszkán) káposzta, szárát eltávolítva, csíkokra vágva

2 evőkanál friss citromlé

1 teáskanál apróra vágott friss kakukkfű

Bazsalikom vagy rukkola pesto (lásd. receptek)

1. Egy közepes tálban keverje össze a darált csirkét, a csirkefűszert és a citromhéjat. Jól keverjük össze.

2. Holland sütőben közepes lángon hevítsük fel az olívaolajat. Adjunk hozzá csirke keveréket, hagymát, sárgarépát és zellert; Főzzük 5-8 percig, vagy amíg a csirke már nem rózsaszínű lesz, fakanállal keverjük össze, hogy a hús

feltörjön, és a főzés utolsó 1 percében adjuk hozzá a fokhagymaszeleteket. Adjuk hozzá a csirkehúslevest és a paradicsomot. Forraljuk fel; csökkentse a hőt. Fedjük le és főzzük 15 percig. Keverje hozzá a káposztát, a citromlevet és a kakukkfüvet. Fedő nélkül főzzük körülbelül 5 percig, vagy amíg a káposzta megfonnyad.

3. Tálaláskor a levest tálalótálakba öntjük, és megszórjuk bazsalikommal vagy rukkola pestoval.

CSIRKE LÁRVA

KÉSZÍTMÉNY: 15 perc főzés: 8 perc hűtés: 20 perc főzés: 4 adag

A NÉPSZERŰ THAI ÉTEL EZEN VÁLTOZATAA SALÁTALEVÉLEN FELSZOLGÁLT, JÓL FŰSZEREZETT CSIRKE ÉS ZÖLDSÉGEK HIHETETLENÜL KÖNNYŰEK ÉS ÍZLETESEK HOZZÁADOTT CUKOR, SÓ ÉS (NAGYON MAGAS NÁTRIUMTARTALMÚ) HALSZÓSZ NÉLKÜL, AMELY HAGYOMÁNYOSAN AZ ÖSSZETEVŐK LISTÁJÁN SZEREPEL. FOKHAGYMÁVAL, THAI CHILIVEL, CITROMFŰVEL, CITROMHÉJJAL, LIME LEVÉVEL, MENTÁVAL ÉS KORIANDERREL NEM FOG HIÁNYOZNI.

1 evőkanál finomított kókuszolaj

2 font őrölt csirke (95% sovány vagy őrölt mell)

8 uncia gomba finomra vágva

1 csésze apróra vágott vöröshagyma

1-2 thai chili magház nélkül és apróra vágva (lásd az ábrát). Nyom)

2 evőkanál darált fokhagyma

2 evőkanál finomra vágott citromfű*

¼ teáskanál őrölt szegfűszeg

¼ teáskanál fekete bors

1 evőkanál finomra vágott lime héja

½ csésze friss citromlé

⅓ csésze szorosan csomagolt friss mentalevél, apróra vágva

⅓ csésze szorosan csomagolt friss koriander, apróra vágva

1 fej saláta, levelekre osztva

1. Egy extra nagy serpenyőben melegítse fel a kókuszolajat közepesen magas lángon. Adjuk hozzá a darált csirkét, a gombát, a hagymát, a chilit, a fokhagymát, a citromfüvet, a szegfűszeget és a borsot. Főzzük 8-10 percig, vagy amíg a csirke megpuhul, és fakanállal keverjük meg, hogy a hús felhasadjon. Szükség esetén ürítse ki. Tegye át a

csirkemeveréket egy extra nagy tálba. Hagyja hűlni körülbelül 20 percig, vagy amíg kissé melegebb lesz a szobahőmérsékletnél, időnként megkeverve.

2. Keverje hozzá a citromhéjat, a citromlevet, a mentát és a koriandert a csirkehús keverékhez. Salátalevelekre tálaljuk.

*Tipp: A citromfű elkészítéséhez éles késre lesz szüksége. Vágja le a fás szárat a szár alján, és a kemény zöld pengéket a növény tetején. Távolítsa el a két kemény külső réteget. Körülbelül 6 hüvelyk hosszú citromfűnek kell lennie, és halványsárga-fehérnek kell lennie. A szárat vízszintesen kettévágjuk, majd mindegyik felét újra kettévágjuk. Vágja nagyon vékonyra a szár minden negyedét.

CSIRKE BURGER SZÉCHWANI KESUDIÓ SZÓSSZAL

KÉSZÍTMÉNY: Sütés 30 perc: Grillezés 5 perc: 14 perc: 4 adag

MELEGÍTÉSSEL KÉSZÜLT CHILI OLAJAZ OLÍVAOLAJ TÖRT PIROSPAPRIKÁVAL MÁS MÓDON IS FELHASZNÁLHATÓ. HASZNÁLJA FRISS ZÖLDSÉGEK PÁROLÁSÁRA, VAGY SÜTÉS ELŐTT KEVÉS PAPRIKAOLAJJAL MEGLOCSOLJA.

- 2 evőkanál olívaolaj
- ¼ teáskanál őrölt pirospaprika
- 2 csésze nyers kesudió darabok, pirítva (lásd Nyom)
- ¼ csésze olívaolaj
- ½ csésze reszelt cukkini
- ¼ csésze finomra vágott metélőhagyma
- 2 gerezd fokhagyma, felaprítva
- 2 teáskanál finomra vágott citromhéj
- 2 teáskanál reszelt friss gyömbér
- 1 kiló csirkemell vagy pulykamell

SZÉCHWANI KESUDIÓ SZÓSZ

- 1 evőkanál olívaolaj
- 2 evőkanál finomra vágott koriander
- 1 evőkanál reszelt friss gyömbér
- 1 teáskanál kínai ötfűszer por
- 1 teáskanál friss citromlé
- 4 zöld levél vagy vajas salátalevél

1. Chili olajhoz keverje össze az olívaolajat és a paprikaport egy kis serpenyőben. Alacsony lángon 5 percig melegítjük. Távolítsa el a tűzről; hagyjuk kihűlni.

2. A kesudiópasztához tedd a kesudiót és 1 evőkanál olívaolajat a turmixgépbe. Fedjük le és keverjük krémesre,

szükség szerint kaparjuk meg az oldalát, és adjunk hozzá további olívaolajat 1 evőkanálnyi alkalommal, keverjük addig, amíg a ¼ csésze elfogy, és a vaj nagyon puha lesz; tedd félre.

3. Egy nagy tálban keverjük össze a cukkinit, a metélőhagymát, a fokhagymát, a citromhéjat és a 2 teáskanál gyömbért. Adjunk hozzá darált csirkét; jól összekeverni. Formázz a csirkemeverékből négy ½ hüvelyk vastag pogácsát.

4. Faszén- vagy gázgrillnél a húsgombócokat közvetlenül az olajozott rácsra helyezzük közepes lángon. Fedjük le, és grillezzük 14-16 percig, vagy amíg kész (165°F), a grillezés felénél egyszer fordítsuk meg.

5. Közben a szószhoz egy kis serpenyőben közepes lángon hevítsd fel az olívaolajat. Adjuk hozzá a zöldhagymát és 1 evőkanál gyömbért; Főzzük közepes-alacsony lángon 2 percig, vagy amíg a zöldhagyma megpuhul. Adjunk hozzá ½ csésze kesudióvajat (a kesudióvajat, amely legfeljebb 1 hétig áll el a hűtőszekrényben), chili olajat, citromlevet és ötfűszeres port. Főzzük még 2 percig. Vedd le a tűzről.

6. A húsgombócokat salátalevelekre tálaljuk. Meglocsoljuk a szósszal.

TÖRÖK CSIRKECSOMAGOLÁS

KÉSZÍTMÉNY:Állás 25 perc: Főzés 15 percig: 8 perc: 4-6 adag

A "SPICE" ARABUL EGYSZERŰEN "FŰSZERT" JELENT.A KÖZEL-KELETI KONYHA UNIVERZÁLIS FŰSZEREZÉSE, GYAKRAN HASZNÁLJÁK HALAK, BAROMFIHÚSOK ÉS HÚSOK DÖRZSÖLÉSÉRE, VAGY OLÍVAOLAJJAL KEVERT ZÖLDSÉGEK PÁCKÉNT. A CSÍPŐS, ÉDES FŰSZEREK, MINT A FAHÉJ, KÖMÉNY, KORIANDER, SZEGFŰSZEG ÉS PAPRIKA KOMBINÁCIÓJA TESZI KÜLÖNÖSEN AROMÁSSÁ. A SZÁRÍTOTT MENTA HOZZÁADÁSA TÖRÖK HATÁS.

- ⅓ csésze apróra vágott kénmentes szárított sárgabarack
- ⅓ csésze apróra vágott szárított füge
- 1 evőkanál finomítatlan kókuszolaj
- 1,5 font őrölt csirkemell
- 3 csésze szeletelt póréhagyma (csak fehér és világoszöld részek) (3)
- ⅔ közepes zöld és/vagy piros édes paprika, vékonyra szeletelve
- 2 evőkanál fűszerfűszer (lásd az ábrát).Leírás, lent)
- 2 gerezd fokhagyma, felaprítva
- 1 csésze kockára vágott mag nélküli paradicsom (2 közepes)
- 1 csésze kockára vágott, mag nélküli uborka (1/2 közepes)
- ½ csésze apróra vágott héjas sózatlan földimogyoró, pörkölt (lásd az ábrát).Nyom)
- ¼ csésze apróra vágott friss menta
- ¼ csésze apróra vágott friss petrezselyem
- 8-12 nagy vaj vagy Bibb salátalevél

1. Tedd egy kis tálba a sárgabarackot és a fügét. adjunk hozzá ⅔ csésze forrásban lévő vizet; Várjon 15 percet. Válasszon el ½ csésze folyadékot, és csepegtesse le.

2. Közben egy extra nagy serpenyőben közepes lángon felforrósítjuk a kókuszolajat. Adjunk hozzá darált csirkét;

3 percig főzzük, fakanállal kevergetve, hogy a hús sütés közben összetörjön. Adjuk hozzá a póréhagymát, az édes paprikát, a fűszerfűszert és a fokhagymát; Főzzük és keverjük körülbelül 3 percig, vagy amíg a csirke megpuhul és a bors megpuhul. Adjunk hozzá sárgabarackot, fügét, fenntartott folyadékot, paradicsomot és uborkát. Főzzük és keverjük körülbelül 2 percig, vagy amíg a paradicsom és az uborka szétesik. Hozzákeverjük a pisztáciát, a mentát és a petrezselymet.

3. A csirkét és a zöldségeket salátalevélen tálaljuk.

Fűszerezés: Keverjünk össze 2 evőkanál édes paprikát egy kis tálban; 1 evőkanál fekete bors; 2 teáskanál szárított menta, finomra őrölve; 2 teáskanál őrölt kömény; 2 teáskanál őrölt koriander; 2 teáskanál őrölt fahéj; 2 teáskanál őrölt szegfűszeg; 1 teáskanál őrölt szerecsendió; és 1 teáskanál őrölt kardamom. Szobahőmérsékleten jól lezárt edényben tárolandó. Körülbelül ½ csészét tesz ki.

SPANYOL CORNISH CSIRKÉK

KÉSZÍTMÉNY:10 perc főzés: 30 perc sütés: 6 perc készítés: 2-3 adag

EZ A RECEPT NEM IS LEHETNE EGYSZERŰBB- ÉS AZ EREDMÉNYEK TELJESEN FANTASZTIKUSAK. A RENGETEG FÜSTÖLT PAPRIKA, FOKHAGYMA ÉS CITROM NAGY ÍZT AD EZEKNEK A KIS MADARAKNAK.

2 ½ kilós cornwalli csirke, felengedve, ha fagyasztott
1 evőkanál olívaolaj
6 gerezd fokhagyma apróra vágva
2-3 evőkanál füstölt édes paprika
¼-½ teáskanál cayenne bors (opcionális)
2 citrom negyedelve
2 evőkanál apróra vágott friss petrezselyem (elhagyható)

1. Melegítse elő a sütőt 375°F-ra. A vadcsirkék negyedeléséhez konyhai ollóval vagy éles késsel vágja le a keskeny gerinc mindkét oldalát. Nyissa ki a pillangómadarat, és vágja ketté a csirkét a szegynél. Távolítsa el a hátsó negyedet a bőr és a hús levágásával, elválasztva a combokat a melltől. A szárny és a mellkas maradjon érintetlen. Olívaolajjal meglocsoljuk a cornwalli csirkedarabokat. Megszórjuk apróra vágott fokhagymával.

2. Helyezze a csirkedarabokat bőrös felével felfelé egy nagyon nagy tepsire. A tetejére szórjuk a füstölt paprikát és a cayenne borsot. Facsarjon citromszeleteket a csirkére; Adjunk hozzá citromnegyedeket a serpenyőbe. A csirkedarabokat bőrös oldalukkal lefelé fordítjuk a serpenyőben. Fedjük le és főzzük 30 percig. Vegye ki a serpenyőt a sütőből.

3. Melegítsük elő a brojlert. Forgassa el a darabokat fogóval. Állítsa be a sütőrácsot. Süssük 4-5 hüvelyk hőfokon (175°F) 6-8 percig, amíg a bőr megbarnul és a csirke megpuhul. Meglocsoljuk serpenyős levekkel. Ízlés szerint megszórjuk petrezselyemmel.

www.ingramcontent.com/pod-product-compliance
Lightning Source LLC
Chambersburg PA
CBHW070416120526
44590CB00014B/1415